D1933612

KNAUR

WER, WENN NICHT WIR?

Vier Dinge, die wir jetzt für Europa tun können

The Young European Collective

Vincent-Immanuel Herr, Martin Speer, Katharina Moser, Krzysztof Ignaciuk, Liza Noteris, Zlatin Georgiev, Thomas Goujat-Gouttequillet, Stylia Kampani, Zara Kitson, Nini Tsiklauri, Giulia Zeni und Phelan Chatterjee

Herausgegeben von
The Young European Collective

KNAUR

Die englische Originalausgabe erschien 2015
unter dem Titel »Who if not us?«.

Mit der Verbreitung dieses Buches unterstützt die Verlagsgruppe
Droemer Knaur das Young European Collective.

Besuchen Sie uns im Internet:
www.knaur.de

FSC
www.fsc.org
MIX
Papier aus verantwortungsvollen Quellen
FSC® C083411

Deutsche Erstausgabe Juni 2017
Knaur Taschenbuch

Covergestaltung: Matthias Worsch nach einem Entwurf von Piotr Zieba
(www.piotrzieba.com)
Coverabbildungen: Matthias Worsch
Gestaltung Innenteil nach Entwürfen von Tomasz Pieszko, Benjamin Erben,
Sören Mund
Satz: Adobe InDesign im Verlag
Druck und Bindung: CPI books GmbH, Leck
ISBN 978-3-426-78946-9

5 4 3 2 1

Für dich.
Europas Zukunft.

Für diesen Text sind wir, eine junge europäische Autoren- und Aktivistengruppe, zusammengekommen. Auch wenn wir nicht immer die gleichen Ansichten und Perspektiven teilen und auch aus verschiedenen Ländern und sozialen Hintergründen kommen, so tragen wir doch die gemeinsame Idee hinter dem Text. Er will dich und Europa auf dem gemeinsamen Weg in die Zukunft begleiten.

Die Arbeit des Young European Collective wurde und wird ermöglicht durch die Unterstützung einer Vielzahl von Organisationen und Individuen.

Ein herzliches Dankeschön geht an: Stiftung Mercator, Schwarzkopf-Stiftung Junges Europa, Stiftung für die Rechte zukünftiger Generationen, Friedrich-Ebert-Stiftung, Heinrich-Böll-Stiftung, Europäische Akademie Berlin, Europäisches Jugendparlament, Junge Europäische Föderalisten, MitOst e.V., Deutsche Oper Berlin, Auswärtiges Amt, Iconic Berlin.

Außerdem ein besonderes Dankeschön an: Verena Ringler, Dr. Annette Kreutziger-Herr, Dr. Ulrike Guérot, Robert Menasse, Tomasz Piezko, Piotr Zieba, Sören Mund, Benjamin Erben, Ursula Müller, Michael Roth, Alexandra Brzezinski, Anne Rolvering, André Schmitz-Schwarzkopf, Kristin Linke, Florian Daehne, Tanja Backherms, Dr. Sergey Lagodinsky, Dr. Andrea Despot, Dietmar Schwarz, Michael Schwarz, Gesine Schwan.

Nicht zuletzt geht unser großer Dank an unsere Familien und Freunde für ihre unaufhörliche Unterstützung.

Für dich.

Seien wir ehrlich, wir kennen dich nicht. Wir wissen nicht, wie du heißt, woher du kommst oder wohin du willst. Vielleicht bist du einer dieser jungen Menschen in Europa, die auch mit zwei Studienabschlüssen gerade verzweifelt einen Job suchen. Oder du hast gar keinen Abschluss und man hat dir gesagt, genau das wäre das Problem. Vielleicht musst du ins Ausland ziehen, obwohl du nicht von zu Hause wegwillst, oder weißt womöglich gar nicht, wo dein Zuhause ist.

Vielleicht interessierst du dich für Menschenrechte, Fragen der Gerechtigkeit oder für die Umwelt, aber niemand will deine Meinung hören. Womöglich sind dir diese Dinge aber auch herzlich egal. Vielleicht steckst du voller Ideen, traust dich aber nicht, sie in die Welt zu tragen. Womöglich bist du gerade auf der Suche nach dir selbst, weißt aber nicht so recht, wo du anfangen sollst.

Was wir wissen, ist, dass du gebraucht wirst. Deine Gefühle, deine Ideen und deine Stimme zählen. Wir leben dieser Tage in Europa in nicht ganz einfachen Zeiten. Wir können die Unsicherheit und die Angst unserer Generation überall auf dem Kontinent spüren. Viele von uns wissen nicht, wohin uns unser Leben führen wird. Unsere Heimat, Europa, ist von immer stärkeren Spannungen geprägt, und das, was uns so friedlich und selbstverständlich erschien, ist in ernster Gefahr.

Doch stell dir einen Moment vor, dass nichts von alldem so sein muss, wie es ist. Dass es etwas gibt, das wir tun können, etwas, das DU tun kannst. Was wäre dann?

Begleite uns auf dieser Reise!

Vorwort

Machen wir uns auf die Reise

Vorwort

Machen wir uns auf die Reise

Du bist spät dran, vielleicht zu spät. Mit Angstschweiß auf der Stirn rennst du die Treppen des Bahnhofs hinauf, um deinen Zug nicht zu verpassen. Da du nur auf deine Füße achtest, stößt du mit einem Backpacker und seinem riesigen Rucksack zusammen und verschüttest deinen Kaffee, der bereits im Becher kalt geworden ist. Muss denn heute wirklich alles schiefgehen?, rast es dir durch den Kopf. Gleich hast du es geschafft. Du legst noch einen Zahn zu und nimmst die letzten Stufen in einem großen Schritt. Doch die Schaffnerin hat schon zur Abfahrt gepfiffen, und der Zug setzt sich langsam in Bewegung. Ob du den Zug noch erreichen wirst?

Gerade in dem Moment, als du die Hoffnung aufgeben willst, öffnet sich eine der alten Zugtüren, ein Arm streckt sich dir entgegen, und bevor du es begreifst, zieht er dich in den Zug.

Die Tür schließt sich hinter dir, du ringst nach Atem. Geschafft! Du spürst dein Herz rasen, als du dich langsam aufrichtest. Der Typ, der dich in den Zug gezogen hat, sieht dich mit neugierigem Blick an: »Lust, dich zu uns zu setzen?«, fragt er. Dankbar für seine Hilfe und die Aussicht auf Gesell-

schaft, nickst du ihm zu und folgst deiner neuen Bekanntschaft in den Gang. In dem größeren Abteil, in das er dich führt, sitzen zwölf junge Leute.

Es ist eine bunt gemischte Gruppe von jungen Menschen aus ganz Europa, die dich allesamt freundlich anlächeln, als du dich zu ihnen setzt, und eure gemeinsame Reise beginnt.

Diese europäische Reisegruppe sind wir, die Autoren dieses Buches. Schön, dass du dabei bist!

Intro

Wer sind wir?

Intro

Wer sind wir?

Wer sind wir? Wohin werden unsere Abenteuer uns führen? Als sich der Zug durch die Vororte der Stadt schiebt und Häuserblöcke, Parks und offene Plätze an uns vorbeiziehen, machen wir es uns langsam im Zug gemütlich. Du freust dich, dass du den Zug noch erwischt hast und auf einmal umringt bist von dieser bunten Truppe. Wir packen unsere Snacks aus und beginnen zu erzählen.

Seit Generationen verbunden

Wenn wir uns damit beschäftigen, wer wir sind, führen uns die ersten Spuren oftmals zurück in vergangene Tage. Woher kommen wir und wer waren wir, um zu werden, wer wir sind? Wer können wir werden? Viele der Themen, mit denen sich junge Menschen heute auseinandersetzen, sind nicht neu. Unsicherheit und Angst vor der Zukunft oder sogar vor der Gegenwart beschäftigen immer schon besonders die jungen Menschen. Wenn wir mit unseren Großeltern darüber sprechen, werden uns sicher auch sie die eine oder andere Geschichte erzählen können, die diese Gefühle widerspiegeln.

»Vor einiger Zeit besuchte ich gemeinsam mit Freunden aus ganz Europa den Strand in der Normandie, an dem die Alliierten 1944 gelandet waren, um Europa von der Besatzung der Nazis zu befreien. Wir saßen an diesem geschichtsträchtigen Ort und gruben unsere Füße in den kühlen Sand, während wir versuchten, die Gefühle auszudrücken, die uns überkamen. Ich hörte Deutsche über Schuldgefühle sprechen. Ich hörte Holländer über die verpasste Chance ihrer Großeltern sprechen und Franzosen über ihre Freiheitsliebe. Es war ein langer Nachmittag mit vielen Geschichten. Je länger und tiefer unsere Gespräche wurden, desto stärker berührten sie mich. Alles, was davor so abstrakt erschien, alles, was ich bisher nur aus Geschichtsbüchern kannte, wurde greifbar, berührte mich im Herzen. So saßen wir noch eine Weile da, weinend und einander umarmend. Deutsche, Franzosen und Niederländer.

Es war dieser Moment, in dem ich begriff, was mich mit all den anderen verband. Sie sind Europäer, genau wie ich. Wir teilen diese gemeinsame Geschichte, eine, die nicht immer einfach war. Und wir teilen das Wissen um die Ereignisse der Vergangenheit. Aber vor allem teilen wir die Verantwortung, die Fehler der Geschichte nicht zu wiederholen. Wir leben gemeinsam an diesem Ort mit Namen Europa und können vieles besser machen. Diese Erkenntnis begleitet mich seit diesem Tag am Strand.«

Thomas (1994), Frankreich

Viele von uns haben vielleicht noch Großeltern, die den Zweiten Weltkrieg selbst erlebt haben. Heute, zwei oder sogar drei Generationen später, sitzen wir alle zusammen auf demselben Boden, auf dem Blut vergossen, so viel Leid erlebt wurde. Und das in Frieden! Briten, Polen, Italiener, Schweden, Griechen, Spanier, Deutsche und viele andere. Wir alle tragen die Geschichten derjenigen, die vor uns hier lebten, in und mit uns. Und doch haben wir keine eigenen Erinnerungen mehr an die riesigen Gräben, die uns einst spalteten.

Wie viel Leid Europa erleben musste, um zu werden, was es heute ist. Unsere Vorfahren kämpften auf den Schlachtfeldern und standen ihren Miteuropäern in Feindschaft gegenüber. Sie hatten mit Tod, Verlust und den dunkelsten Abgründen ihrer Seele zu kämpfen. Ihr Leben wurde vom Krieg geprägt. Sie mussten mit einem Kontinent klarkommen, der in Ruinen lag, aus dem Nichts wieder etwas aufbauen und ihre eigenen Träume vergessen. Doch auch wenn die Zeiten hart waren, nahmen sie die Herausforderung an und erschufen eine Zukunft, auf der die folgenden Generationen aufbauen konnten.

Die Ersten, die ihnen folgten, waren unsere Eltern. Ihr Weg lag schon etwas klarer vor ihnen. Sie hatten Jobs, die sie über Jahrzehnte behielten, gründeten Familien und führten ihr Leben in mehr oder weniger geordneten Bahnen. Manche von ihnen mögen sich nach Veränderung gesehnt haben, aber oft wurden sie von ihrem Bedürfnis nach Sicherheit in ihre Schranken gewiesen. Sie kannten ihre Grenzen und gaben sich mit dem geradlinigen Verlauf der Dinge zufrieden.

Der Beginn einer neuen Generation

Und dann kamen wir. Die Kinder unserer Eltern, die Enkel unserer Großeltern. Wir sind eine neue europäische Generation und stehen vor neuen Herausforderungen. In den Medien und der Soziologie werden diejenigen, die zwischen 1980 und 1998 geboren sind, gerne als »Generation Y« bezeichnet. Das »Y« bezieht sich auf die englische Frage »Why?«, Warum?, in der Annahme, dass unser Leben einem großen Fragezeichen gleicht und wir uns alle permanent die Frage stellen, was wir eigentlich wollen.

Es heißt, unsere Generation zu definieren wäre sehr schwierig. Unberechenbarkeit und Unsicherheit gehören angeblich zu den Merkmalen, die uns beschreiben. Noch nie zuvor gab es so viele junge Menschen, die studieren und Universitätsabschlüsse vorweisen können. Wir sind die erste Generation, die von der europäischen Integration profitiert. Für viele von uns ist es normal geworden, außerhalb unseres Landes zu reisen und sich sogar ohne Pass zwischen Grenzen zu bewegen, andere Sprachen zu lernen, im Ausland zu studieren und manchmal sogar in der gleichen Währung zu bezahlen. Wir sind die erste Generation, die den Übergang ins digitale Zeitalter miterlebt. Manche von uns erinnern sich an die Zeiten vor den Smartphones und wissen das World Wide Web, das uns so viele Möglichkeiten eröffnet, enorm zu schätzen.

Andererseits sind wir eine Generation, die vor massiven Krisen und Herausforderungen steht: Klimawandel, Migration, Wirtschaftskrisen, demografische Veränderungen, erstarkender Extremismus, um nur einige zu nennen. Das hat handfeste Auswirkungen auf unsere Lebensrealität. Wir sind mit Unsicherheiten konfrontiert – wir absolvieren ein Praktikum nach dem anderen, oft ohne einen einzigen Cent zu verdienen. Keine Generation vor uns musste sich darauf einstellen, im Laufe des Lebens zehnmal oder öfter den Job zu wechseln. Und keine Generation vor uns war dermaßen gut ausgebildet und dennoch von Massenarbeitslosigkeit bedroht.

Dieses »scheinbar« garantierte Sicherheitsgefühl, das unsere Eltern kannten, ist uns absolut fremd – es beängstigt uns geradezu. Wir müssen uns damit auseinandersetzen, dass wir vielleicht trotz all unserer Bemühungen keinen Erfolg haben werden. Oder zumindest nicht die Art von Erfolg, die wir erhofft hatten. Das ist nicht immer einfach, denn viele von uns wurden in dem Glauben erzogen, einzigartig und besonders zu sein. Es ist nicht leicht, der Erwartung nachzukommen, die in diesem Glauben steckt, gerade wenn wir es in einer Welt tun müssen, die sich so fundamental von der unserer Eltern unterscheidet.

All das setzt uns unter Druck. Wir werden zu wandelnden Lebenslaufoptimierern, sind Meister im immerwährenden Versuch, besser zu sein als die anderen. Nicht weil wir uns für etwas Besseres halten, sondern weil wir panische Angst davor haben, in einer Welt des ständigen Konkurrenzkampfes nicht mehr mitzukommen und auf der Strecke zu bleiben. Wir richten unser Leben nach wirtschaftlichen Überlegungen aus. Wir wählen unser Studium, unsere Hobbys, ja sogar unsere Freunde aufgrund des Werts, den sie für unseren materiellen Erfolg darstellen können. Und plötzlich merken wir, dass wir schon lange nicht mehr unseren eigenen Interessen und Vorstellungen folgen, sondern eher einem recht schwammigen Gefühl, das vortäuscht zu wissen, wer wir eigentlich sein sollten.

Aber fühlt sich diese Art zu leben richtig an? Fühlt sie sich echt an? Bringt sie uns Glück und Erfüllung? Führt sie zu etwas, auf das wir stolz sein können? Macht sie Europa zu einem besseren Ort? Irgendwo, tief in uns, kennen wir die Antwort auf diese Fragen.

Unsere größte Herausforderung

Unsicherheit ist ein wesentlicher Teil dessen, was Jugend ausmacht: zu wachsen, sich zu entwickeln und sich zu entfalten. Das Unsicherheitsgefühl sollte aber nicht unseren Blick vor dem vollständigen Bild verstellen. Ja, wir sind mit massiven Problemen und Krisen konfrontiert. Aber zugleich ist unsere Generation von Möglichkeiten umgeben, die vor einigen Jahrzehnten noch nicht mal ansatzweise vorstellbar waren.

Unsere Herausforderung liegt daher nicht nur in den Problemen, die uns betreffen. Sie liegt ebenso in der Vielzahl an Möglichkeiten, die sich vor uns ausbreiten. Und das kann fast noch mehr Angst machen. Denn es bedeutet, dass wir keine Ausrede mehr haben, um einfach stehen zu bleiben und abzuwarten. Wir müssen ständig in Bewegung bleiben.

Es ist fraglos so, dass nicht alle die gleichen Möglichkeiten und Chancen haben. Dennoch sind wir zutiefst davon überzeugt, dass jeder und jede von uns wenigstens einige davon hat, und wir alle haben auf jeden Fall mehr Möglichkeiten als die Generationen vor uns. Unser Problem ist gar nicht mal so sehr, dass wir keine Gelegenheiten für Veränderungen und Fortschritte haben, vielmehr sind wir uns unserer Chancen gar nicht bewusst, weil wir uns als Einzelperson klein, machtlos und dem Schicksal ausgeliefert fühlen. Wir erkennen die Möglichkeiten, die sich uns bieten, oft gar nicht, weil wir Angst davor haben, sie zu sehen und zu ergreifen. Denn Möglichkeiten zu haben bedeutet auch immer, Entscheidungen treffen zu müssen! Und das ist alles andere als eine leichte Aufgabe.

Wir müssen uns dessen bewusst sein, dass es an unserer Generation ist, wesentliche Grundparameter unseres Zusammenlebens in der heutigen Welt neu zu denken und zu definieren. Unsere Taten und unsere Ideen werden die Art und Weise prägen, wie wir Politik machen, arbeiten, lieben, leben, Freundschaften pflegen, die Natur bewahren, den Frieden sichern, die Digitalisierung gestalten und Europa weiterbauen. Wir fühlen die Veränderungen bereits, sehen aber nur verschwommen, wo sie uns hinführen werden.

Alles, was wir wissen, ist, dass der erste Schritt immer der schwierigste ist, denn es ist der, den wir selbst machen müssen. Und um diesen Schritt zu machen, sollten wir zumindest die Richtung kennen.

»Bereits mit elf Jahren wusste ich genau, was ich erreichen wollte. Ich widmete mein ganzes Leben dem Volleyballspielen. Mein Traum war es, eines Tages eine internationale Sportlerkarriere zu starten. Mit 24 hatte ich bereits einen nationalen Wettkampf gewonnen, in drei verschiedenen Ländern gespielt und gleichzeitig noch meinen Uni-Abschluss gemacht. Für mich war das nur der Anfang. Ich konnte vor mir sehen, wie ich die Welt bereiste und das tat, was ich liebte. Vor mir lag ein volles und erfülltes Leben. Doch dann kam alles anders. Eine schwere Rückenverletzung bereitete mir unaufhörliche Schmerzen. Ich konnte kaum noch laufen – und springen erst recht nicht mehr. Sechs Monate danach musste ich die schwerste Entscheidung meines Lebens treffen: Sollte ich meine Gesundheit riskieren oder meinen großen Traum aufgeben?

Kein Rückenschmerz der Welt kann so groß sein wie der Schmerz, als ich schließlich meinen Traum aufgeben musste. Es fühlte sich an, als würde ich aufhören zu existieren. Mehr als ein Jahr fühlte ich mich verloren und orientierungslos. Ich wusste, dass ich eine neue Richtung einschlagen musste, und stellte mir die Frage: Welche Sache ist mir am zweitliebsten?

Ich begann meiner Leidenschaft fürs Autofahren nachzugehen, auch wenn ich nicht wusste, wohin mich das führen würde. Sofort eröffnete sich für mich eine neue Welt mit ganz neuen Möglichkeiten, und heute, zwei Jahre später, sieht alles anders aus. Die schlimmste Krise meines Lebens hat mich dazu gebracht, eine Firma für unerfahrene Autofahrer zu gründen. Heute helfe ich Menschen, bessere und nachsichtigere Autofahrer zu werden. All das funktionierte nur, weil ich eine einfache Frage beantwortet habe: Was tue ich gern?«

Zlatin (1987), Bulgarien

Über Zlatins Geschichte haben wir lange nachgedacht: Wir müssen uns ein eigenes Ziel setzen, eines, das wirklich für uns gemacht ist und auf das wir hinarbeiten können. Das können wir nicht allein. Wir brauchen das Gefühl, mit den Menschen in unserem Leben verbunden zu sein und von ihnen unterstützt zu werden. Dafür müssen wir respektiert und wertgeschätzt werden, egal wen wir lieben, wo wir herkommen oder wie alt wir sind. Wir brauchen das Gefühl, dass wir und unsere Ideen von anderen ernst genommen werden. Wir brauchen Strukturen und ein System, das uns davor schützt, abzustürzen oder von Korruption aufgehalten zu werden. Wir brauchen die Freiheit zu denken, Neues zu entdecken, unser Potenzial zu entfalten und ehrlich mit uns selbst zu sein.

Am wichtigsten aber ist es, dass wir lernen, Hürden zu überwinden. Solche, die andere uns in den Weg stellen, noch mehr aber solche, die wir uns selbst in den Weg stellen. Wir müssen unser negatives Denken in Schranken weisen, lernen, unsere Selbstzweifel und unsere Ängste loszulassen. Stattdessen sollten wir unseren Blick heben, mit einem wirklich kritischen Geist die Welt betrachten, unsere Ängste überwinden und die Kraft finden, aus unserer Vergangenheit zu lernen, und damit unseren Weg in die Zukunft finden. Eine Zukunft, die wir selbst gestalten – ein Schritt nach dem anderen.

»Ich wollte immer perfekt sein. Außergewöhnlich. Vollkommen. Ich wollte, dass man mich dafür bewundert, was ich bin und was ich tue. Und ich war davon überzeugt, dass ich mit 30 genau wissen würde, was das ist. Doch dann kam die große 3-0, und ich wusste weder, wer ich war, noch, was ich tun wollte. Ich war sogar unsicherer als je zuvor. Obwohl meine bisherigen Jobs hoch angesehen waren, fühlte ich mich in den engen Strukturen der Institutionen eingesperrt. Da gab mir eine kluge Frau folgenden Rat: ›Du solltest frei schwimmen. Trau dich einfach mal, keine Visitenkarte zu haben!‹ Damit traf sie eine meiner größten Ängste. Am meisten fürchte ich mich nicht davor, in dem, was ich tue, zu versagen, sondern erst gar nicht herauszufinden, was ich tun will.

Und dann war da dieser Abendempfang auf einer Konferenz, mit unzähligen hochrangigen Leuten in Anzügen. Die erste Frage jedes Small Talks war: ›Und was machen Sie?‹ Und zum ersten Mal traute ich mich zu sagen: ›Ich weiß es nicht. Ich suche noch.‹ Zu meiner großen Überraschung war die Reaktion darauf kein Stirnrunzeln, sondern oft ein beinahe anerkennendes Nicken. Ich hatte sogar das Gefühl, viele beneideten mich darum, dass ich mir die Zeit nahm, über diese wichtige Frage nachzudenken.

Ein Jahr später habe ich gelernt, dass ich die Antwort auf meine Fragen nicht immer gleich kennen muss. Viel wichtiger ist es, seine Ängste hinter sich zu lassen und sich auf die Suche zu machen. Und alles, was ich dafür tun muss, ist, auf mein Bauchgefühl hören, mit vielen Menschen sprechen und unterschiedliche Dinge ausprobieren. Denn letztendlich hätte ich den Weg, den ich inzwischen eingeschlagen habe, niemals vorhersehen können: Ich habe eine Agentur für europäische Kommunikation gegründet und entwickle Projekte, die Menschen, Kulturen und die Länder Europas miteinander in Verbindung bringen und so unsere Empathie füreinander und unser Wissen übereinander stärken. Im Moment fühlt sich das für mich genau richtig an. Vielleicht finde ich in ein paar Jahren aber auch eine andere Antwort auf die Frage, wer ich bin und was ich tun möchte. Und vielleicht gehört ›perfekt sein‹ inzwischen nicht mehr zu meinen größten Zielen. Denn anstatt ständig darüber zu grübeln, wer ich sein möchte, hab ich angefangen, ein Stück mehr von dem zu leben, was ich schon bin – vollkommen unvollkommen.«

Katharina (1983), Österreich

1. Schritt

Sei kritisch!

!!!

1. Schritt

Sei kritisch!

Wir haben inzwischen unser Mittagessen gegessen. Der Zug überquert gerade eine beeindruckende Brücke. Darunter sehen wir einen Fluss, der sich friedlich durch die Landschaft bis zum Horizont schlängelt, wo sich das erste Glitzern des Meeres zeigt. Es ist kaum mehr als eine Vorahnung, aber wir spüren, wie wir dem Wasser mit jeder Minute näher kommen. Aufmerksam betrachten wir die wunderschöne Landschaft und stellen fest, dass der Anblick ein Sinnbild für eine Welt ohne Grenzen ist. Jemand aus unserer Gruppe fragt in die Runde: »Habt ihr auch manchmal das Gefühl, dass es schwer ist, einen eigenen Platz in einer Welt zu finden, die so groß ist? Wie kann ich meine eigenen Gedanken und Ideen ausdrücken, während alle anderen das auch versuchen?«

Ideen – unser wertvollstes Vermögen

Ideen sind unsere wichtigste Ressource. Wir alle haben sie, egal wie jung, alt, arm oder reich. Sie sind die Grundlage von wirklich allem. Ideen haben sogar die Kraft, Transformationen herbeizuführen. Deshalb ist es so wichtig, sie mit anderen zu teilen. Und selbst wenn nur eine unter tausend Ideen etwas bewirkt, so kann diese eine doch alles verändern. Die beste Lösung für die allermeisten Probleme ist oft so simpel und gerade deshalb so genial, dass bisher keiner darauf gekommen ist. Kennst du die Geschichte von der US-amerikanischen Raumfahrtbehörde NASA, die Hunderttausende Dollar ausgegeben hat, um einen Stift zu entwickeln, der in der Schwerelosigkeit schreiben kann, während die Kosmonauten aus der Sowjetunion einfach einen Bleistift benutzten?

Die Gesellschaft suggeriert uns oft, dass Kreativität nur bestimmten Leuten vorbehalten ist, zum Beispiel Künstlern, Designerinnen oder herausragenden Unternehmern und Unternehmerinnen aus der Start-up-Szene. Tatsächlich haben diese aber kein Monopol auf gute Ideen. Ideen können von jedem gedacht werden, überall und zu jeder Zeit auftauchen. Albert Einstein hat die Grundzüge seiner Relativitätstheorie entwickelt, während er in einem Berner Patentbüro rumhing. Ludwig Wittgenstein nutzte die Zeit in den Schützengräben des Ersten Weltkriegs, um seine Abhandlungen zu schreiben. Und zu Beginn des 20. Jahrhunderts wagte es Coco Chanel, mit allen gesellschaftlichen Normen zu brechen, und überzeugte die Welt davon, dass auch Frauen Hosen tragen können.

Ideen bringen uns unaufhaltsam voran, wie dieser Zug, in dem wir gerade sitzen. Zugleich hält uns unser destruktives Denken häufig davon ab, das Leben zu leben, das wir wirklich leben wollen. Niemand kann dir das Denken abnehmen! Es kommt auf dich an. Deine Gedanken, deine Ideen und ganz besonders deine Entscheidungen sind es, die dein Leben bestimmen und prägen werden. Natürlich ist der Ausgang häufig ungewiss, aber Mut lohnt sich. Es kommt nämlich darauf an, ob du bereit bist, kritisch zu denken. Wir haben auch ein bisschen gebraucht, um dieses Konzept vollkommen zu begreifen. Vielleicht können unsere Gedanken für dich hilfreich sein.

Ein kritischer Geist

Was heißt es eigentlich genau, kritisch zu denken? Um es einfach auszudrücken: Nichts einfach so akzeptieren. Unser Denken befindet sich unter Dauerbeschuss: Einflüsse der Außenwelt prasseln auf uns ein, während wir gleichzeitig versuchen, Entscheidungen zu den verschiedensten Themen zu treffen. Das geht von den Klamotten bis hin zu unserer Meinung zum Nahostkonflikt. Selbst wenn du versuchen solltest, allen Einflüssen von außen zu entkommen, wirst du das nicht lange durchhalten können. Jeden Tag sind wir den Meinungen anderer Leute ausgesetzt. Wir hören sogenannten Experten im Fernsehen zu, chatten mit Fremden und Freunden, lesen Magazine, Bücher und Blogs, schauen Filme und Serien und so weiter. Diese Beeinflussung hat großen Anteil daran, was in unseren Köpfen los ist. Und plötzlich haben wir es mit Gedanken, Perspektiven und Meinungen zu tun, die gar nicht unsere sind, die wir aber einfach von irgendwoher übernommen haben – oftmals ohne es überhaupt zu merken.

Kritisch sein meint genau das: sich dieser Einflüsse bewusst werden und unsere Gedanken und Meinungen immer wieder kritisch überdenken. Das bedeutet auch, eine Meinung erst einmal von allen Seiten zu betrachten und zu versuchen, sie zu verstehen: Wo kommt sie her? Worum geht es hier? Wo könnte es Probleme geben? Kritisch zu denken bedeutet, Ideen und Meinungen vorsichtig zu testen und zu unterscheiden zwischen Ideen, die Sinn ergeben, dich weiterbringen, und solchen, die du besser verwirfst. Es geht darum, deine eigenen Überzeugungen zu definieren und nicht einfach Meinungen zu übernehmen, die dir andere ins Ohr flüstern. Allerdings ist das gar nicht so einfach, wie es klingt.

»Ich wollte schon immer mein eigenes Unternehmen gründen. Mein ganzes Leben lang war ich bestrebt, unabhängig zu sein. Ich komme aus schwierigen familiären Verhältnissen. Finanzielle Eigenständigkeit und Anerkennung bedeuteten für mich einen Ausweg und Sicherheit. Als ich 22 war, legte ich los: Zusammen mit ein paar Freunden entwickelte ich eine Geschäftsidee und baute eine Getränkefirma auf, die innerhalb kürzester Zeit mein ganzes Leben vereinnahmte. Mein Leben beschleunigte sich und war sehr intensiv. Ich hatte es geschafft, war ein erfolgreicher junger Unternehmer. Für einen Beobachter mag mein Leben aufregend ausgesehen haben: Ich reiste viel und baute meine Karriere ganz alleine auf. Und dennoch, richtig glücklich fühlte ich mich nie, und dieses Gefühl wurde immer stärker. Nach ein paar Jahren zeigte sich der Preis meines Weges: Ich hatte den Kontakt zu fast allen Freunden verloren und war körperlich völlig erschöpft. Das Schlimmste aber war dieses Gefühl der Leere in mir.

Ich fing an, mich zu fragen: ›Was machst du hier eigentlich?‹ Nach und nach wurde mir klar, dass ich die ganze Zeit über versucht hatte, ein Leben zu leben, das einfach nicht richtig für mich war. Ich hatte nicht auf mich selbst gehört und mich von Gewohnheiten, äußeren Einflüssen und Erwartungen steuern lassen, die überhaupt nicht zu meinen Vorstellungen eines erfüllten Lebens passten. Ich war zu jemandem geworden, der ich nie sein wollte.

Anderthalb Jahre befand ich mich in einem heftigen Konflikt: Mein Bedürfnis nach finanzieller Sicherheit und mein Wunsch, meinen persönlichen Interessen zu folgen – ein klassisches Dilemma, das mir zeigte, wie schwer es sein kann, wichtige Entscheidungen im Leben zu fällen. Schließlich konnte ich die Kraft aufbringen, auf die Bremse zu treten und noch einmal ganz von vorne anzufangen. Ich verließ die Firma, schrieb mich wieder an der Uni ein und fing an, mich mit Themen zu beschäftigen, die mich wirklich interessierten. Heute spreche ich mit jungen Menschen über unsere Generation, Gesellschaft und Europa. Als Aktivist stoße ich gesellschaftliche Debatten an und finde jeden Tag mehr Frieden mit meiner Familie, Freunden, meinem Partner und vor allem mit mir selbst.«

Martin (1986), Deutschland

Du hast die Wahl!

Vielleicht hilft euch der Gedanke, dass wir unser eigenes kritisches Denken trainieren, wenn wir mit anderen Menschen ins Gespräch kommen. Andere können dir eine Hilfe sein, kritischer zu denken, deine kreativen Kapazitäten zu stärken und dich für neue Ideen zu öffnen. Es ist immer bereichernd, sich mit Menschen aus unterschiedlichen Milieus zu unterhalten, selbst – oder gerade – wenn du nicht ihrer Meinung bist. Genau darin liegt eine der großen Chancen für uns junge Europäerinnen und Europäer: Der Austausch mit Menschen aus den Nachbarländern kann dir helfen, deinen

Verstand zu schärfen, andere Ansichten zu verstehen und ein reflektierter Denker oder eine kritische Denkerin zu werden.

Aber ganz egal, mit wie vielen Leuten du sprichst, das letzte Wort deines Entscheidungprozesses hast immer nur du selbst. Niemand kann dir eine Entscheidung abnehmen. Du wirst immer die Freiheit haben, zu wählen. Ist das nicht eine großartige Botschaft? Viel zu oft vergessen wir, dass wir diese Entscheidungsmacht haben – vor allem, wenn wir Entscheidungen treffen, die auf Gedanken anderer basieren. Und das geht oft nach hinten los, denn am Ende lebst nur du mit den Konsequenzen deiner Entscheidung.

Die menschliche Natur hat eine Vielfalt an Emotionen zu bieten, von Liebe und Enthusiasmus bis hin zu Verzweiflung und Angst. Vielleicht hast du schon selbst erlebt, dass starke Gefühle, die uns manchmal auf eine aufregende Achterbahnfahrt schicken, die größte Gefahr für klare Gedanken sind. Wir haben alle schon einmal Entscheidungen aus persönlicher Zuneigung oder Ablehnung oder einfach aus Angst getroffen. Wir trauen uns nicht nach Hintergrundinformationen zu fragen, weil wir nicht für dumm oder unhöflich gehalten werden wollen. Wir übernehmen Ideen von anderen, ohne ihre Gültigkeit zu überprüfen, aus dem einfachen Grund, dass wir gemocht werden wollen. Falls du das noch nie erlebt hast, bist du uns eindeutig ein paar Schritte voraus! Vermutlich aber weißt du genau, wovon wir hier sprechen. Indem wir anderen blind vertrauen, betreiben wir eine Art Outsourcing des eigenen Denkens. Damit geben wir auch ganz freiwillig Macht und Einfluss ab.

Unsere Emotionen benebeln unser Urteilsvermögen und beeinträchtigen unseren Verstand. Immer wieder müssen wir innehalten und unsere Emotionen zur Seite schieben. Nur so können wir alle Optionen mit klarem Blick anschauen. Das ist eine Kompetenz, mit der keiner in unserer Gruppe einfach so ausgestattet ist. Auch wir müssen am Ball bleiben, ständig üben, um besser darin zu werden.

Höre niemals auf, Fragen zu stellen

Es gibt da jemanden, dessen Buch wir uns hier genauer anschauen sollten. Obwohl der griechische Philosoph Sokrates – er lebte vor rund 2400 Jahren – nicht gerade zu den aktuellsten Wissenschaftlern gehört, hatte er einen ziemlich ungewöhnlichen Ansatz für kritisches Denken. Im Nachhinein ist es wohl ein Segen, dass er sich nicht besonders gut mit seiner Frau verstand, denn deshalb war er selten zu Hause. Stattdessen zog er durch die Straßen Athens, wo er sich mit so ziemlich jedem unterhielt, dem er begegnete: mit Nachbarn, Fremden und Bürgern. Normalerweise verliefen diese Unterhaltungen nicht gerade gut. Warum? Ganz einfach, weil Sokrates Fragen stellte, mit denen sich kein Mensch zu der Zeit beschäftigte: Warum glaubst du, ist es wichtig, zu arbeiten und Geld zu verdienen? Was ist wahres Glück? Wie kann dich Geld glücklich machen? Warum ist dir dein Aussehen so wichtig? Was ist wahre Schönheit? Er stellt all das infrage, was sein Gegenüber bisher für selbstverständlich hingenommen hatte.

Heute nennen wir diese Fragetechniken auch sokratische Methode. Damals fanden die meisten das aber nicht so lustig, und so kam es, dass Sokrates sich mehr und mehr den Ärger seiner Mitmenschen zuzog. Wir haben den Eindruck, dass sich bis heute nicht viel geändert hat. Sokrates wurde vor Gericht gestellt und zum Tode verurteilt, einfach nur, weil er unbequeme Fragen stellte.

Aus dieser Geschichte können wir so viel lernen. Auf jeden Fall zeigt sich hier, dass kritisches Denken oft als gefährliche Eigenschaft wahrgenommen wird, als etwas, das ein existierendes System vor Herausforderungen stellt. Aber wie sonst können wir ein System verändern, wenn wir nicht dessen Fundament mit seinen Kernprinzipien selbst infrage stellen? Es gibt keinen anderen Weg! Aus genau diesem Grund sollte uns Sokrates' Schicksal nicht entmutigen. Stattdessen können wir uns von ihm inspirieren lassen, von seinen unerbittlichen Bemühungen, die richtigen Fragen zu stellen, egal wie unangenehm sie waren. Wenn wir seinem Beispiel folgen, wenngleich nur ab und zu, werden wir in der Lage sein, die Welt, in der wir leben, besser zu verstehen und sie zu verändern.

Lieber Begleiter, liebe Begleiterin – bevor es Nacht wird, wollen wir noch einmal betonen, wie wichtig dieser Gedanke ist, ja vielleicht sogar der wichtigste überhaupt: Die Art, wie du denkst, hat direkte Auswirkungen auf dein Leben!

Deine Gedanken, in welche Richtung sie auch gehen, werden niemals nur in deinem Kopf bleiben, sondern dein Handeln, deine Beziehungen, deine Arbeit und einfach alle Aspekte deines Lebens beeinflussen. Lass dich von nichts und niemandem davon abhalten, so kritisch und unabhängig wie nur möglich zu denken. Wenn du dein kritisches Denken als deine wichtigste Fähigkeit anerkennst, fängst du an, die Welt so zu sehen, wie sie ist, und nicht so, wie andere es dir vormachen wollen. Fange an, »freihändig« und kritisch zu denken, dann kannst du deine eigenen Entscheidungen treffen und dein Leben lenken, wie es für dich richtig ist.

2. Schritt

Überwinde deine Ängste!

2. *Schritt*

Überwinde deine Ängste!

Jetzt, wenn wir aus dem Fenster schauen, sehen wir nur die finstere Nacht. Wir erkennen die dunklen Konturen der Küste, wo sich stürmische Wellen an kantigen Steinen brechen. Es nieselt und einzelne Tropfen rinnen an der Fensterscheibe herunter. Der Regen wird stärker. Das gleichmäßige Trommeln versetzt uns schnell in eine schläfrige Stimmung. Der Schaffner öffnet die Tür und fragt, ob wir vor dem Schlafen noch etwas brauchen. Danach sind wir allein mit dem sanften gelblichen Licht über uns, dem rauschenden Regen draußen, und wir hören den Zug über die Gleise gleiten.

In der Nacht ruckelt unser Zug immer wieder. Die Abteiltür quietscht und knarrt. Schwere Schritte sind auf dem Gang zu hören. Der Regen schlägt gegen das Fenster, fast so, als würde er versuchen, es zu zerbrechen. Es fühlt sich an, als sei alles außer Kontrolle geraten. Irgendwie ist es beängstigend, und ein Kribbeln überkommt uns. Vielleicht träumst du merkwürdige Dinge. Und da gibt es noch etwas anderes, das irgendwo im Dunkeln lauert, etwas Unbekanntes, das auf dich wartet – deine tiefsten Ängste.

Eigentlich kennst du diese Ängste schon ganz gut. Schon lange sind sie Begleiter deines Lebens. Der Schweiß auf deiner Stirn, wenn dir bei einer Prüfung nicht die richtige Antwort einfällt. Dein Magen, der sich zusammenzieht, weil du eine schwierige Entscheidung treffen musst und du dich deshalb schwach und verletzlich fühlst. Der Drang, dich einfach wieder ins Bett zu legen und deine Sorgen mit Schlaf zu verdrängen. Von unseren schlimmsten Ängsten werden wir vereinnahmt, und unsere ganze Energie wird aufgesaugt. Es fühlt sich an, als würde dein Herz schneller und schneller schlagen. Aber so, wie du dein Herzrasen nicht ignorieren kannst, kannst du auch deine Ängste nicht einfach ignorieren.

Wir leben in einer Welt, die uns wirklich viele Gründe gibt, ängstlich zu sein. Unser Planet ist ernsthaften Bedrohungen ausgesetzt. Aber darüber sorgen wir uns gar nicht mal so sehr. Wir sorgen uns kaum darum, dass wir wegen des Klimawandels bald kein fließendes Wasser mehr haben werden, oder darum, dass eine alternde Gesellschaft Auswirkungen auf unser Sozialsystem haben wird.

Wir sorgen uns darum, dass andere »erfolgreicher« sind als wir. Wir sorgen uns um unsere Profile in den sozialen Netzwerken. Wir fürchten uns vor der falschen Entscheidung für unsere Zukunft. Wir haben Angst davor, alleine zu sein. Wir haben Angst davor, nicht genug Zeit für unsere Familie, Eltern oder Kinder zu haben. Wir haben Angst davor, dass wir es niemals schaffen werden, von zu Hause auszuziehen, oder davor, dass wir nicht die erhoffte Beförderung oder die größere Wohnung bekommen werden. Wir haben Angst davor, nicht zu wissen, was wir mit unserem Leben anfangen sollen. Wir haben Angst davor, unglücklich zu sein.

Die Angst vor dem Versagen

Am allermeisten aber haben wir Angst davor zu versagen – weil keine Uni der Welt uns beibringt, wie man versagt. Das Leben lehrt uns das – früher oder später. Das braucht Zeit und tut meist verdammt weh.

Jedes Mal, wenn wir eine Sache nicht hinbekommen, fühlt es sich so an, als seien wir Versager. Wir fühlen uns kraftlos und schwach. Das zieht uns runter. Und wir können nichts dagegen tun. Es ist zu viel für uns. Wir sind einfach nicht gut genug …

Hört sich das bekannt an? Kennst auch du diese Stimmen? Waren es vielleicht deine Eltern? Deine Freunde, Lehrer oder jemand, den du besonders bewunderst? Wir sollten uns klarmachen, dass die meisten unserer Ängste auf vergangenen Erfahrungen basieren, die wir wie schweres Gepäck mit uns schleppen. Das können Beleidigungen gewesen sein, selbst ganz unterschwellige, abschätzige Kommentare von Menschen, die uns nahestehen.

Probiere Folgendes aus: Das nächste Mal, wenn deine Ängste in deinem Kopf verrücktspielen, hör ihnen zu! Genau, einfach nur zuhören. Aber pass genau auf und versuch zu hören, was diese Stimmen dir sagen. Wer sind diese Stimmen, und verdammt, worüber sprechen sie denn eigentlich?

Angst ist kein guter Ratgeber – dafür ist sie viel zu ungenau, viel zu laut und lenkt uns von den wichtigen Fragen ab. Es ist ein menschlicher Instinkt, Angst zu haben, ein biologischer Mechanismus, der uns beschützen soll. Aus diesem Grund solltest du in diesen Momenten kurz innehalten, deine Ängste beobachten und herausfinden, woher sie kommen.

Lass uns gemeinsam ein Spiel spielen. Auch wenn du dir albern dabei vorkommst, versuch es einfach und leg los: Stell dir deine eigenen persönlichen Ängste so detailliert wie möglich vor. Gib ihnen Eigenschaften, ein Gesicht und eine Stimme. Wenn du willst, nimm einen Stift und Papier zur Hand und zeichne sie. Oder stell dich vor den Spiegel und stelle jede einzelne Angst nach. Ganz egal, was du brauchst, finde einen Weg, deine Ängste kennenzulernen.

> »Meine größte Angst hatte ich um mein eigenes Gesicht. Als ich 18 Jahre alt war, musste ich eine schwierige Entscheidung treffen. Die Knochen in meinem Gesicht wuchsen ungleichmäßig. Meine Ärzte gaben mir zwei Optionen: Ich könnte zehn bis 15 Jahre abwarten und hoffen, dass sich mein Gesicht nicht verformen würde, oder mich sofort einer sehr riskanten Operation unterziehen. Die Operation würde starke Schmerzen bringen und mit dem Risiko verbunden sein, dass ich jegliches Gefühl in meinem Gesicht verliere.
>
> Es war einer der furchtbarsten Momente meines Lebens. Beide Optionen klangen wie ein Albtraum. Aber die Entscheidung konnte nur ich treffen, niemand anderer. Als ich mich endlich durchgerungen hatte, verschwand meine Furcht. Am Tag vor der Operation fragte mich meine Mutter, ob ich Angst hätte. Ich antwortete: ›Es ist mir egal.‹ In diesem Moment spielte Angst keine Rolle mehr. Ich hatte ihr tief in die Augen geblickt, und es hatte sich gut angefühlt.

Nach der Operation war mein Mund zwei Monate lang mit einem Faden zugenäht. Ich konnte nur flüssige Nahrung zu mir nehmen und kaum sprechen. Ich brauchte die Hilfe meiner Mutter für die einfachsten Sachen. Vor der Operation hatte ich noch große Angst vor dieser Hilflosigkeit, jetzt stellte ich fest, dass sie Gutes brachte. Während mein Körper schwach war, war mein Geist wach und lebendig. Ich hatte mich selber ganz neu und viel besser kennengelernt. Ich lernte, wie viel Kraft es braucht, um die eigenen Schwächen zu akzeptieren und die Hilfe anderer anzunehmen. Und ich erkannte meine eigene Stärke.

Sieben Jahre nach dieser Operation ist mir klar, dass sie eine der wichtigsten Erfahrungen meines Lebens ist. Nicht nur mein Gesicht wurde neu definiert, sondern auch meine Persönlichkeit. Und all das nur, weil ich bereit war, meinen größten Ängsten zu begegnen.«

Giulia (1990), Italien

Challenge accepted!

Es ist eine ziemlich spannende Erfahrung, die eigenen Ängste endlich einmal richtig kennenzulernen – fast wie ein Blind Date. Und da wir unsere Ängste nun schon kennen, können wir jetzt an unserer Beziehung zu ihnen arbeiten.

Sei nicht zu gemein zu deinen Ängsten, immerhin haben sie dich schon eine ganze Weile begleitet. Sag doch diesen komischen Spinnern, die beängstigende Dinge schreien, einfach, dass es vollkommen okay ist, wenn sie dir folgen. Du musst ihnen nicht aus dem Weg gehen. Du kannst sie einfach akzeptieren und weiterhin deine eigenen Ziele verfolgen. Lass aber nicht mehr zu, dass sie dich von deinem Weg abhalten. Nimm sie einfach mit, wenn du ins große Unbekannte springst. Trau dich, nicht perfekt zu sein. Verlass deine Komfortzone und sei einfach du selbst.

Folgendes könnte dich überraschen: In den meisten Fällen stellt es sich heraus, dass die Dinge, die uns so große Angst gemacht haben, eigentlich ziemlich harmlos sind, wenn wir uns ihnen stellen. Zuerst wirken die Dinge oft größer und beängstigender, als sie letztlich sind, wenn du dich mit ihnen konfrontierst.

> »Die Welt der Macht und Politik erschien mir immer unendlich weit weg. Jeder Mensch hat eigene Meinungen und Ideen, die wir auch gerne überall verbreiten – dafür lohnt sich ein Blick auf Facebook oder Twitter –, aber was können wir tatsächlich tun, um diejenigen zu erreichen, die an den Hebeln der Macht sitzen?
>
> Vor drei Jahren, als ich 17 Jahre alt war, nahm ich mir zusammen mit ein paar Freunden vor, dieses Thema anzugehen. Wir wollten eine Konferenz für junge Europäerinnen und Europäer in Stockholm organisieren. Damit der Event auch wirklich ein Erfolg würde, wollten wir einen guten Veranstaltungsort und gute Rednerinnen und Redner dabeihaben. Ich war dafür verantwortlich, diese Leute zu organisieren – keine leichte Aufgabe.
>
> Wer würde schon einem 17-Jährigen zuhören? Wer würde uns schon eine Konferenzhalle kostenlos zur Verfügung stel-

len? Und warum sollte irgendein Politiker auf die Anfrage junger Leute antworten und ohne Honorar vor anderen jungen Leuten sprechen? All das erschien unmöglich – eine tolle Idee, aber nicht umsetzbar.

An meiner ersten E-Mail saß ich vier Stunden und formulierte an jedem Satz beinahe endlos lange rum. So war es auch bei der zweiten oder dritten Anfrage. Kurz darauf kamen aber schon die ersten positiven Antworten. Man kann sagen, was man will über Politiker, aber sie waren offen für uns, sie machten mit und hörten zu. Am Ende überließ uns das schwedische Parlament sogar Räume für die Veranstaltung.

Die Konferenz war ein voller Erfolg und für mich eine wichtige Erfahrung. Sie ermutigte mich, einen Weg einzuschlagen, auf den ich mich sonst nicht getraut hätte: Ich bewarb mich für einen Job in einer politischen Partei, und das noch nicht einmal in meiner Muttersprache. Ich arbeitete in einem Sommercamp mit 16- und 17-Jährigen und lernte, meinen Standpunkt zu verteidigen, wenn ich unfair behandelt wurde. Alles in allem lernte ich, dass wir niemals Angst davor zu haben brauchen, Menschen anzusprechen, die uns weit weg oder unerreichbar erscheinen. Mächtige Institutionen können einschüchternd wirken – aber nur solange wir nicht mit ihnen sprechen oder sie herausfordern.«

Phelan (1995), Schweden/Großbritannien

Wir wollen dir nichts vormachen. Nur weil du Frieden mit deinen Ängsten geschlossen hast, heißt das noch lange nicht, dass du dich nicht mehr mit ihnen befassen musst. Aber möglicherweise wirst du sie nicht mehr als ganz so schlimme Feinde ansehen, wenn du dich ihnen erst einmal gestellt hast.

Die Macht des Versagens

Erinnerst du dich noch daran, als du ein Baby warst? Leider tun das nur die wenigsten von uns. Das ist eigentlich schade, denn wir könnten einiges von unserem damaligen Ich lernen. Damals waren wir ziemlich furchtlos und wussten nichts über all die Gefahren in der Welt. Wir hatten auch keine Angst davor, zu versagen. Und wir haben dauernd versagt – tagelang, manchmal sogar über Wochen und Monate. Und dann plötzlich hatten wir es geschafft – wir haben unser erstes Wort gesagt, wir sind unseren ersten Schritt gegangen. Endlich!

Seit unserer Geburt sind sie also da, unsere Misserfolge. Manchmal sind sie jeden Tag da, und dann wiederum sehen wir sie monatelang nicht. Je älter wir werden, desto eher erkennen wir aber auch, dass im Scheitern etwas Wunderbares steckt: Erfahrung. Jedes Mal, wenn etwas nicht klappt, erkennen wir, wie wir es besser oder anders machen könnten. Egal wie unangenehm dieser Prozess teilweise sein kann, am Ende helfen uns diese Momente, unseren eigenen Weg zu finden. Das Wichtigste aber ist, dass unsere Misserfolge uns daran erinnern, niemals aufzugeben, sondern es immer wieder zu versuchen.

Nicht jeder Versuch führt zum Erfolg, aber jeder Erfolg entsteht aus einem Versuch.

Schauen wir uns Sportler an. Sie versagen hundertmal. An manchen Tagen schleppen sie sich kaputt und fertig nach Hause, nachdem die Lichter im Stadion ausgeschaltet wurden. Keiner wird sich an diese Tage erinnern. Aber sie wissen auch, dass der nächste Tag eine neue Chance bereithält. So ist das für uns alle.

Wir alle performen, wir versagen, und kaum jemandem fällt es auf – bis es geschieht. Der Moment, in dem wir alle Ängste hinter uns lassen und alle vorherigen Momente des Versagens keine Rolle mehr spielen. Der Moment, wenn etwas endlich klappt und ein vollkommen neues Gefühl in uns entsteht: Errungenschaft.

Wenn du diesen Moment der Zufriedenheit erreicht hast, hör noch einmal auf dein Herz. Höre, wie rasend schnell es schlägt – das ist pure Freude. Vielleicht fällt dir dann auf, dass es sich gar nicht so sehr vom schnellen Herzschlag der Panik unterscheidet.

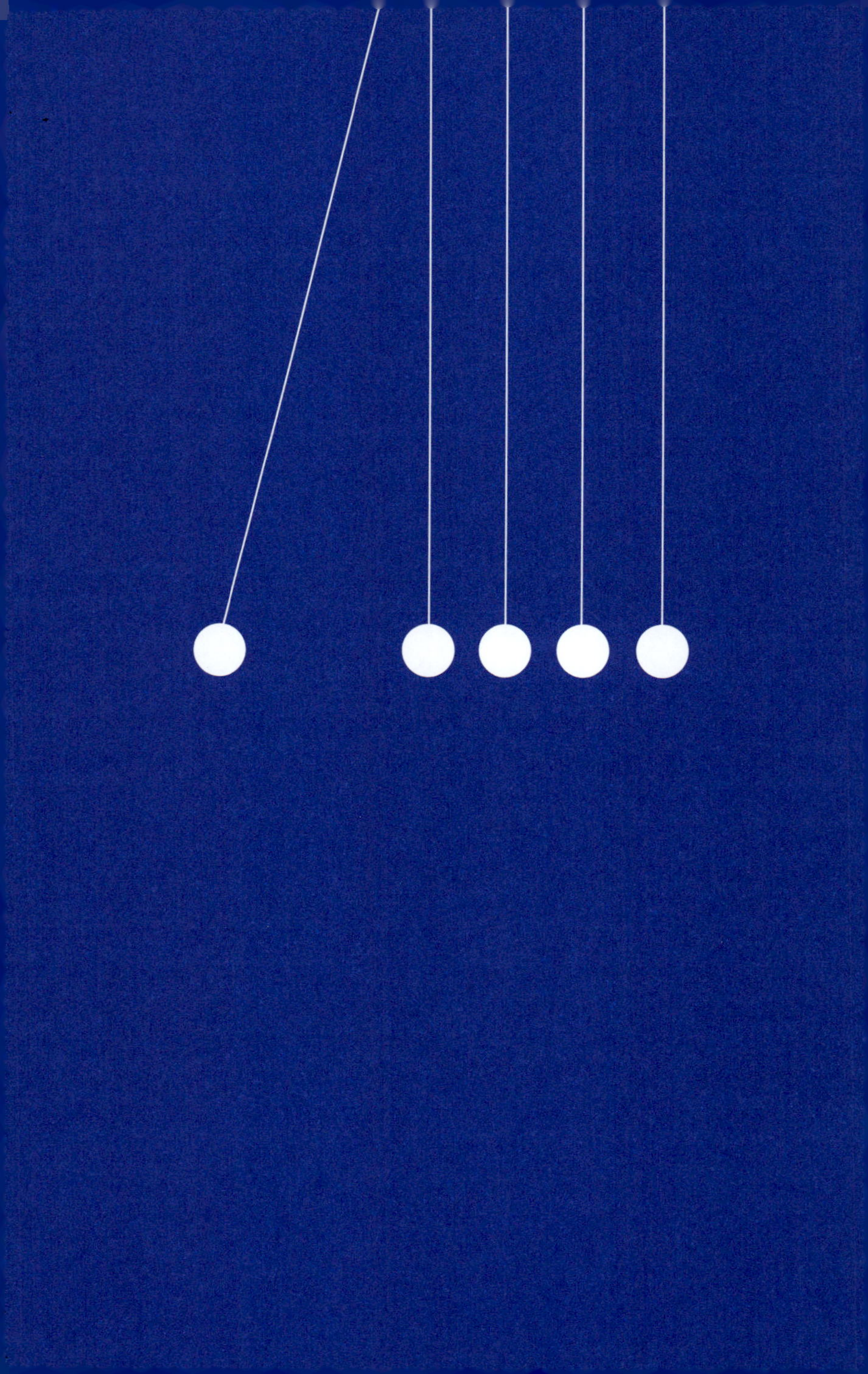

3. Schritt

Entdecke deine Macht!

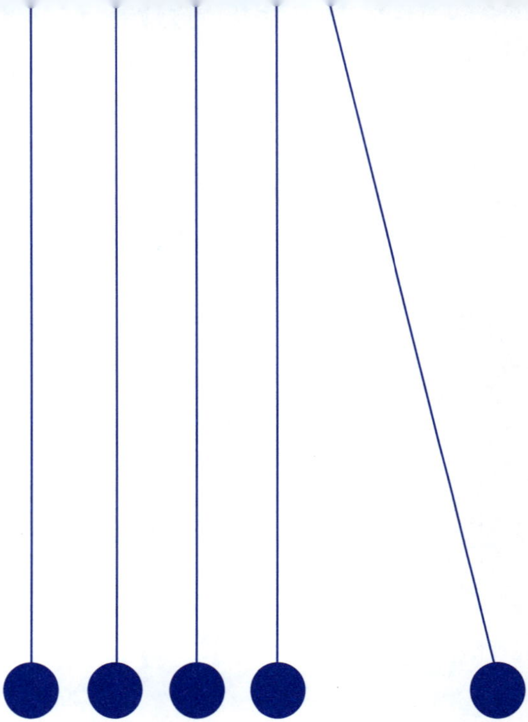

3. Schritt

Entdecke deine Macht!

Der Zug setzt seine Fahrt fort und bei Sonnenaufgang wachst du auf. Wir alle kommen aus unseren schmalen Zugbetten hervorgekrochen und blicken aus dem Fenster. Der Regen der Nacht hat sich verzogen, ein warmes Sonnenlicht erleuchtet eine atemberaubende Szenerie – die Alpen erheben sich vor uns. Die Berge mit ihren hohen Gipfeln erinnern dich an all die Menschen, die mutig genug waren, sie zu besteigen, alle, die auf ihre innere Stimme hörten, ihrer Intuition folgten und Ängste überwanden. Solch einen Weg zu beschreiten ist ein Zeichen von Stärke. Lasst uns nun auf die Suche nach dieser Stärke gehen.

»I've got the Power!«

Kennst du dieses Gefühl: Wenn du richtig schnell gerannt bist und dich jeder einzelne Herzschlag daran erinnert, welche Kräfte in dir schlummern, an deine Entschlossenheit und daran, dass du über dich hinauswachsen kannst? Genau dieses Gefühl – das Leben in der Hand zu haben, Herausforderungen meistern zu können – ist Stärke (»Power«).

Wenn wir an »Power« denken, kommt dem ein oder anderen womöglich ein bekanntes Lied der deutschen Band »Snap« in den Sinn. Damals, in den 90er-Jahren, vor digitalen Downloads, als Musik im Radio gespielt wurde und ganz Europa im Dance-Fieber pulsierte. Als junge Menschen knallbunte Trainingsanzüge trugen und vor dem Spiegel, eine Bürste als Mikrofon, sangen: »I've got the Power!« Wenn du dich an diese Zeit nur dunkel erinnerst – so geht es jedenfalls uns –, hilft dir YouTube bei der Reise in die Vergangenheit: Hier findest du das Lied und du kannst dir das Gefühl von Power ins Hier und Heute holen.

»I've got the Power« – das ist das Stichwort. Sie steckt in dir, die Stärke, die Kraft für Veränderung. Auch wenn du sie gerade nicht spüren kannst, sie ist da, ganz sicher! Kannst du sie womöglich tief in dir fühlen? Nimm dir einen Moment Zeit und lausche in dich hinein.

Dein Einsatz zählt!

In einer Welt mit über sieben Milliarden Menschen wirken die eigenen Einflussmöglichkeiten begrenzt und unwichtig. Es fühlt sich für dich womöglich so an, als hätte deine Stimme keinen Einfluss, als würde deine Perspektive nicht zählen, als könntest du sowieso nichts verändern. Wir alle kennen dieses Gefühl. Den Eindruck, dass wir Opfer der Umstände sind und selber nichts gestalten können. Und manche kennen vielleicht überhaupt kein anderes Gefühl.

Doch wir alle kennen Leute, oder haben zumindest von jemandem gehört, die Einfluss nehmen, die Veränderungen anstoßen. Menschen, die, wenn sie fallen, immer wieder aufstehen – und am Ende stärker dastehen als zuvor. Diese Menschen scheinen Zugang zu einem geheimen Wissen zu haben. Sie sind fähig, ihre inneren Kraftquellen anzuzapfen, ihrem eigenen Wirken einen Sinn und eine Richtung zu geben. Sie haben begriffen, dass einem niemand Stärke und Handlungsmacht gibt, sondern man sich diese selbst erarbeiten muss.

»Ich war 23 Jahre alt, genoss mein Leben in vollen Zügen, hatte einen Job, der mir Spaß machte, und tolle Freunde. Ich sah mich selbst als starke und unabhängige junge Frau. Doch dann verliebte ich mich und stolperte Hals über Kopf in eine Beziehung, die mich vollkommen aus der Spur warf. Die Beziehung raubte mir meine sozialen Beziehungen, meine Energie, mein Selbstbewusstsein und schließlich meine Selbstachtung und die Liebe zum Leben. Nach einigen Krisen wurde mir klar, dass mir die Beziehung schadete und ich sie beenden musste.

Ich wusste aber nicht, wie. Ich hatte Angst und fühlte mich völlig allein. Ich wusste nicht mehr, wer ich war, und auch nicht, wie ich wieder zu mir finden konnte. Nach einiger Zeit traf ich mich wieder mit Freunden, die ich viel zu lange vernachlässigt hatte. Wir sprachen uns aus, weinten, und am Ende überzeugten mich meine Freunde davon, dass es einen Ausweg aus jeder Situation gibt, egal wie vertrackt sie scheint. Gemeinsam mit ihnen schaffte ich es, aus dem Teufelskreis emotionaler Abhängigkeit auszubrechen und die Beziehung zu beenden.

Stück für Stück fand ich wieder zu mir. Ich wurde stärker und gewann die Kontrolle über mein Leben zurück. Natürlich brauchte es eine Weile, bis ich wieder im Gleichgewicht war. Rückblickend kann ich sagen, dass die Zara, die ich auf diesem Weg fand – die Zara, die ich heute bin –, stärker ist als je zuvor.

Später erzählte mir eine Kollegin, die ich immer sehr bewundert hatte und die mich durch diese schwierige Zeit begleitet hat, dass mein Weg auch ihr den Mut gab, aus einer destruktiven Beziehung auszubrechen.

Auch wenn ich so eine schwere Zeit niemals wieder erleben möchte, habe ich doch erkannt, dass genau diese Erfahrung mich zu der Person gemacht hat, die ich heute bin. Ich habe verstanden, dass wahre Stärke nicht draußen in der Welt zu finden ist, sondern in mir selbst.«

Zara (1986), Schottland

Du bist zu mehr fähig, als du denkst!

Es mag etwas seltsam klingen: Du hast mehr Macht, als du glaubst. Aber die Wahrheit ist, dass die Möglichkeit, etwas zu verändern, immer schon da ist und nur darauf wartet, von dir entdeckt und genutzt zu werden. Folgende Fragen können dir dabei helfen, dir selbst klarzumachen, wo deine Stärken liegen: Mischst du dich ein, wenn dir auffällt, dass etwas nicht richtig läuft oder dir ungerecht erscheint? Bemühst du dich, Dinge, die dich stören, zu verändern? Hörst du auf deine innere Stimme? Und auch wenn es etwas kitschig klingt:

Nutzt du die Möglichkeiten, die sich dir bieten? Gehst du aktiv auf die Suche nach solchen Möglichkeiten?

Das Komische an Möglichkeiten ist, dass sie sich oft nicht gleich zu erkennen geben. Manchmal benehmen sie sich sogar wie Überraschungsgäste, denen man die Tür am liebsten gar nicht öffnen würde.

»Seit meiner Kindheit setze ich mich leidenschaftlich für mein Heimatland ein: für Georgien, ein Land in einem Winkel Europas, für den sich kaum jemand zu interessieren scheint. Im Jahr 2008 fand ich mich völlig unerwartet im Epizentrum eines Krieges wieder. Gemeinsam mit meinen Eltern besuchte ich mein Geburtsland. Eine ganz normale Reise, wie es anfänglich schien, von einem friedlichen Ort in Deutschland in ein friedliches Land, Georgien. Doch dann wurden wir vom Einmarsch der russischen Armee überrascht. Völlig unerwartet fuhren wir durch dunklen Rauch und lautes Artilleriegedonner. Rechts und links neben unserem Auto explodierten Sprengkörper, die Scheiben zerbarsten, auf der Straße lagen Tote und Verletzte. Mein Tod erschien wahrscheinlich, zum Greifen nahe.

Ich fühlte mich machtlos. Was konnte ich in dieser schrecklichen Situation ausrichten? Mein Herz schlug wie wild, als plötzlich eine innere Stimme zu mir sprach: ›Wer, wenn nicht du, wann, wenn nicht jetzt?‹ Inmitten des Chaos erkannte ich eines völlig klar: Wenn ich dies überleben sollte, würde ich mein Leben der Freiheit meines Landes widmen. Ich würde mich dafür einsetzen, dass meine Mitmenschen in Georgien in einem friedlichen, sicheren Land leben können und so etwas nie wieder erleben müssen. Und so packte ich meine

Kamera aus und begann zu filmen. Eine ganz normale Autofahrt, die eine plötzliche Wendung nahm, wurde zum entscheidenden Einschnitt in meinem Leben.

Dazu muss man wissen: Nur wenige Monate zuvor hatte ich die Möglichkeit, die deutsche Bundeskanzlerin Angela Merkel während eines Empfangs persönlich zu treffen. Ich brach die Regeln, trat aus der Reihe hervor und sagte zu ihr: ›Als Repräsentantin der Menschen Georgiens bitte ich Sie, mein Land während des kommenden NATO-Gipfels zu unterstützen.‹ Die unerwartete Bitte eines 15-jährigen Mädchens schien sie kurz aus der Fassung zu bringen. Und mir wurde klar: Die Macht liegt nicht allein bei den Mächtigen, sondern in jedem von uns. Jeder von uns kann der Anfang von Veränderung sein. Seit dem grauenhaften Tag auf der Straße in Georgien und dem Treffen mit Angela Merkel halte ich mein Versprechen: Ich setze mich für mein Land und den Frieden ein.

Fünf Jahre später kehrte ich an den Ort zurück, dorthin, wo ich fast mein Leben verlor und meine Aufgabe fand. Diesmal sang ich die georgische Nationalhymne vor der georgischen Armee und den Angehörigen der Opfer des Krieges. Ein weiterer wichtiger Schritt auf meinem Weg …«

Nini (1992), Georgien / Deutschland / Ungarn

Power goes online

Heute können wir unsere Kräfte leichter denn je entfalten. Die Globalisierung und die modernen Technologien ermöglichen es uns, Ideen schnell und unkompliziert zu teilen. So können wir Samen für Veränderung pflanzen und Tausende Menschen mit relativ wenig Aufwand daran beteiligen.

Lasst uns einmal über unsere Generation nachdenken: Wie viel Zeit verbringen wir online? Verdammt viel. Wenn lustige Katzenvideos Millionen Klicks bekommen, dann werden es doch wohl auch unsere guten Ideen schaffen! Nicht, dass Katzenvideos nicht wichtig wären, aber unsere Zukunft ist noch viel wichtiger. Wir sind zu so vielem fähig, wenn wir diese Technologien noch stärker für uns nutzen. Wir können Texte schreiben, Fotos machen, Videos drehen und Gespräche aufnehmen. Wir können Licht ins Dunkel bringen, Geschichten erzählen und Missstände aufzeigen. Und wir können Unterstützer und Gleichgesinnte finden.

Das Internet ist sicherlich kein Allheilmittel, aber wenn wir es klug nutzen, kann es zum Ausgangspunkt für Veränderungen werden – vor allem zum Ausgangspunkt von Handlungen.

Werfen wir einen Blick auf die Proteste in Istanbul, Bukarest oder Moskau. Tausende junger Menschen mobilisierten sich in den letzten Jahren auf Twitter und anderen sozialen Netzwerken. Diese Informationsquellen waren oftmals vertrauenswürdiger als die bekannten Medienkanäle, die unter zu großem staatlichem Einfluss standen. Viele erkannten bei den Protesten sicherlich zum ersten Mal, welche Kraft in ihnen steckte. Sie nahmen ihr Schicksal und die Zukunft der

Demokratie und Gerechtigkeit selbst in die Hand und zogen über Plätze und Straßen. Aus digitalem Protest wurde realer Protest. Der Druck, den diese jungen Menschen auf die Mächtigen ausübten, wurde so groß, dass der türkische Premierminister im Jahr 2014 sogar die Zugänge zu Twitter sperren ließ. Eine machtvolle Geste zwar, die aber auch von Ohnmacht zeugt.

Natürlich muss nicht jeder gleich eine Revolution anzetteln. Jeder Einsatz, auch der kleinste, ist wertvoll. Ob off- oder online, ob wir demonstrieren, zur Wahl gehen oder das Licht ausschalten, um Energie zu sparen – jede Stimme, jeder Klick und jeder Schritt zählt. Wenn wir uns zusammenschließen und unsere Stimmen im Chor erheben, wird klar: »We've got the Power!« Wir werden Veränderung und Verbesserung für unsere Gesellschaften erreichen, denn wir sind die Veränderung.

Es ist an dir, deine Macht zu erkennen. Du kannst dich für den Wandel einsetzen, auf den du so lange gewartet hast!

4. Schritt

Verbünde dich!

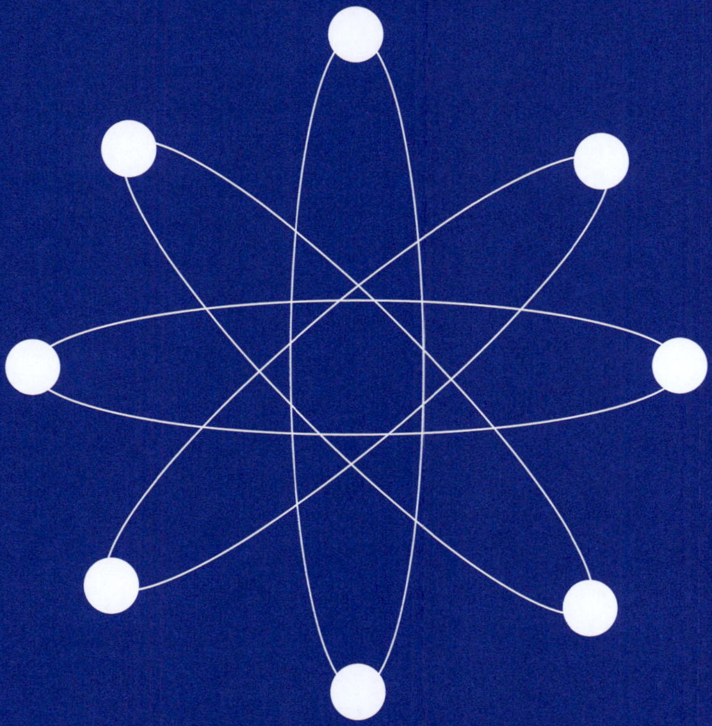

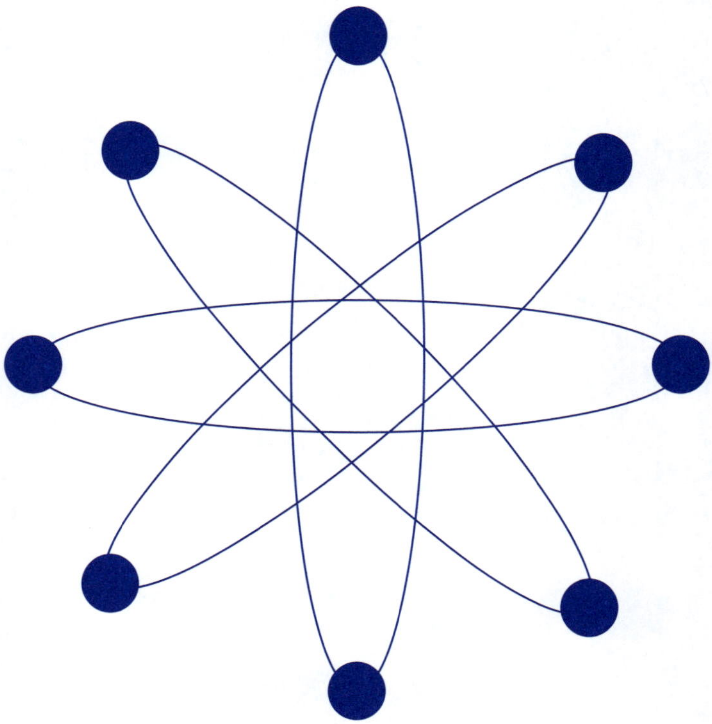

4. Schritt

Verbünde dich!

Der Zug ist inzwischen in einer großen Stadt angekommen. Schöne Häuser ziehen an unseren Fenstern vorbei. Wir sehen kleine Balkone, die liebevoll mit Pflanzen und bunten Blumen dekoriert sind. Auf einem Markt tummeln sich Menschen, die plaudernd auf Parkbänken sitzen, Fußball spielen oder ihre Einkäufe nach Hause tragen. Es wird Zeit, aufzustehen und unsere Sachen zusammenzusuchen.

Verantwortung für dich und andere übernehmen

Wir hoffen, dass dir unsere Gedanken zum kritischen Denken gezeigt haben, dass auch in dir ein selbstständiger, inspirierender Denker steckt. Indem du dich deinen Ängsten stellst, kannst du erkennen, wie sie dein Leben beeinflussen, aber auch, wie du mit ihnen umgehen kannst, sodass sie dein Leben nicht bestimmen. »You've got the Power!«

Unser Leben wird von Handlungen definiert. Oder, um es deutlicher zu formulieren: Leben ist handeln. Allzu oft jedoch schauen wir dem Leben einfach dabei zu, wie es an uns vorbeizieht. Dabei ist das Leben nicht etwas, das wir passiv konsumieren sollten. Wir sind nicht das Publikum oder stumme Beobachter – wir sind die Handelnden, diejenigen, die Entscheidungen treffen können. Das bedeutet auch, dass wir Verantwortung tragen. Nicht nur für uns selbst, sondern auch für andere Menschen. Wenn wir eine negative Entwicklung ignorieren, die andere betrifft, treffen wir genauso eine bewusste Entscheidung, wie wenn wir aufstehen und etwas dagegen unternehmen.

»Früher fiel es mir schwer, die Probleme von Menschen nachzuvollziehen, die nicht direkt mit mir zu tun hatten. Natürlich machten mich Nachrichten über schreckliche Ereignisse betroffen. Wirklich tief berühren konnten sie mich aber nicht. Das änderte sich, als ich durch Europa reiste und dadurch mit jungen Menschen aus ganz anderen sozialen Hintergründen in Kontakt kam.

In Sofia unterhielt ich mich mit einem Schüler. Er erzählte mir, dass er Angst habe, niemals genügend Geld zu verdienen und aufgrund seiner Herkunft immer als Bürger ›zweiter Klasse‹ angesehen zu werden.

Nach dieser Unterhaltung schossen mir allerlei Fragen über Herkunft und Schicksal durch den Kopf. Auf dem Schulhof drehte ich mich noch einmal zu dem heruntergekommenen Gebäude um. Alle Fenster waren vergittert. Aus einem der Fenster sah mich ein Mädchen an. Als sich unsere Blicke trafen, winkte sie mir zu und ich erwiderte die Geste. Für einen kurzen Moment fühlte ich mich ihr verbunden, obwohl unsere Leben unterschiedlicher kaum sein konnten. Als ich sie aus dem Blick verlor und um die Ecke ging, begann ich zu weinen.

Die bittere Erkenntnis, dass die Welt voller Ungerechtigkeit ist, traf mich wie ein Zementsack. Dieses Mädchen stand für alle Menschen und für die Erkenntnis, dass das ganze Leben von Geburt an von unserer Herkunft bestimmt ist – nicht von unseren inneren Werten. Am schlimmsten aber war das Gefühl, nichts tun zu können – für das Mädchen und all die anderen, die einfach weniger Glück gehabt hatten als ich.

Während der restlichen Reise musste ich immer wieder an diesen Moment auf dem Schulhof zurückdenken. Die Schwere dieser Gedanken hatte aber auch einen aktivierenden Effekt: Mir wurde klar, dass ich etwas tun musste.

Auch wenn ich nicht in der Lage bin, die Strukturen, die Ungerechtigkeit und Gewalt hervorbringen, abzuschaffen, so habe ich doch die Möglichkeit, etwas zu tun. Aufgrund meiner Herkunft aus einem wohlhabenden Land trage ich die Verantwortung, über meine eigenen privilegierten Lebensumstände hinauszuschauen und mich aktiv für andere einzusetzen. Die Begegnung in Sofia war wie ein Versprechen, das ich mir gab und das ich seitdem einzuhalten versuche.

Nach der Reise begann ich, Artikel über meine Erfahrungen zu schreiben und die Geschichten der Menschen, die ich auf der Reise getroffen hatte, mit einem größeren Publikum zu teilen. Nach und nach taten sich immer mehr Gelegenheiten für mich auf, für meine europäischen Mitmenschen einzutreten. Heute arbeite ich an einer Reihe proeuropäischer Projekte, bei denen es darum geht, junge Menschen mit ganz unterschiedlichen sozialen Hintergründen zusammenzubringen. Auf diese Weise habe ich das Gefühl, meiner Verantwortung und dem Versprechen von Sofia nachkommen zu können.«

Vincent (1988), Deutschland

Andere für sich denken zu lassen, so, wie wir es vorher erwähnt haben, bedeutet auch, Verantwortung zu delegieren – die wohl gefährlichste Form von Outsourcing. Wir überlassen die Arbeit einfach anderen: sich gegen rassistische oder sexistische Kommentare wehren; in einer Suppenküche aushelfen; Kinder bei ihren Hausaufgaben unterstützen oder tatsächlich ins Ausland gehen, um die großen Probleme wie Hungersnot zu bekämpfen. Viel zu oft vertrauen wir darauf, dass sich schon jemand finden wird, der die Drecksarbeit übernimmt – nicht nur in unserem Leben, sondern auch im Rest der Welt. Doch unsere Verantwortung wird uns nie jemand abnehmen können. Wir alle sollten aufstehen und etwas tun, soweit es unsere Möglichkeiten zulassen. Und selbst wenn wir nur über wenige Ressourcen verfügen – seien es Zeit oder finanzielle Mittel –, haben wir immer die Möglichkeit, uns für die Gesellschaft zu engagieren.

Wir können selbstständig denken und handeln. Lasst uns endlich damit aufhören, anderen zu überlassen, wie Probleme gelöst werden und wie unsere Zukunft gestaltet wird. Wir sind es, die unsere Probleme lösen und unsere Zukunft gestalten sollten. Diese Verantwortung dürfen wir nicht auf andere abwälzen. Wir sind es, genau jetzt und genau hier.

Lasst uns den ersten Schritt machen

Möchtest du loslegen, die kuschelige Komfortzone verlassen, der Welt die Stirn bieten? Dann helfen dir folgende Fragen: Was ist mir wichtig? Wofür will ich mich einsetzen? Woran glaube ich? Welche Fähigkeiten habe ich, die mir und anderen nützen könnten?

Auch wenn die Fragen zunächst einfach klingen, haben die meisten von uns noch keine Antworten auf alle Fragen gefunden. Und ist es nicht verlogen, über Veränderungen und Taten zu sprechen, wenn wir noch nicht einmal wissen, was uns wichtig ist?

»›Hör auf dein Herz!‹, sagte meine Mutter immer, wenn ich es schwierig fand, eine Entscheidung zu treffen. Auf welche Universität sollte ich gehen, welche Kurse besuchen, und in welcher Stadt sollte ich leben? Sie wollte, dass ich meine Entscheidungen selbst treffe – eine Möglichkeit, die sie nie hatte. Ihre Eltern hatten ihr die Entscheidung damals abgenommen. Sie sollte Krankenschwester werden, Ende der Geschichte.

Doch mein Problem war, dass ich gar nicht wusste, was ich werden wollte. Ich fühlte mich mit meiner Entscheidung allein gelassen und kämpfte mit Fragen wie: Was möchte ich wirklich machen? Wo liegen meine Stärken? Zu welchem Unternehmen passe ich überhaupt? Und die schwierigste Frage: Was, wenn ich mich falsch entscheide? Meine ganze Zukunft – so schien es mir damals – stand auf dem Spiel.

Letztendlich wurde ich nicht, wie erhofft, plötzlich erleuchtet. Stattdessen wurde mir klar, dass meine Leidenschaft, dass wofür ich wirklich brannte, bereits Teil meines Lebens war: Ich habe schon immer gern soziologische Theorien gelesen und Artikel darüber geschrieben, die für jeden verständlich sind. In meinen Zwanzigern fuhr ich nach Palästina, um die Geschichten der Menschen zu erzählen, die sie selbst keinem größeren Publikum mitteilen konnten. So fand ich heraus, dass ich dafür bestimmt war, zu schreiben.

Um ehrlich zu sein, es ist nicht immer leicht, meine Leidenschaft zu leben. Auf meinem Weg habe ich weder finanzielle Sicherheit noch eine Jobgarantie, sondern lebe von Tag zu Tag. Doch trotz des Drucks bin ich erfüllt und glücklich. Nicht ich habe mir meine Leidenschaft ausgesucht, sondern sie hat mich gefunden.«

Liza (1985), Belgien

Wir alle tappen in diese Falle. Wir erwarten, dass unsere Leidenschaft in großen roten Leuchtbuchstaben vor unserer Nase auftaucht, und sind enttäuscht, wenn sie das nicht tut. Oft genug ist es genau das, was uns davon abhält, aktiv zu werden. Dabei sollten wir uns nicht davon frustrieren lassen, sondern uns darüber freuen, dass wir am Anfang unserer Suche stehen, dass uns alle Möglichkeiten offenstehen.

Erlaube dir, die Welt und die anderen zu vergessen. Hör auf dich selbst: Für welche deiner Fähigkeiten bekommst du Komplimente? Was waren die schönsten Momente in deinem Leben? Was wolltest du schon immer ausprobieren? Welche Kurse würdest du gerne besuchen? Wer beeindruckt dich? Welchen Teil der Zeitung liest du zuerst? Was wolltest du als

Kind werden? Welcher Superheld wärst du gern und wofür oder wogegen würdest du kämpfen? Oder, wenn du dich lieber gleich den großen Fragen stellst: Was gibt dir das Gefühl, lebendig zu sein?

Es macht nichts, wenn du die Fragen nicht gleich beantworten kannst. Tu einfach etwas, was du schon immer machen wolltest: Kauf dir eine Zeitschrift, die du noch nie gelesen hast. Mach bei einem experimentellen Tanzkurs oder einem Koch-Workshop mit. Frag den Freund, der so viel über Politik weiß, ob er dir mehr darüber erzählen kann. Schau dir TED-Talks an, höre Podcasts oder schreibe dich für den Newsletter von Organisationen ein, die dich interessieren. Schreib einem Menschen, der dich inspiriert, eine E-Mail. Lege einen Gemeinschaftsgarten mit deinen Nachbarn an oder frage im Supermarkt nach, woher dein Essen kommt. Sprich mit einem Fremden über seine Leidenschaften und Interessen. Setz dir keine Grenzen, trau dich über deinen Schatten zu springen.

Sei kreativ und trau dich, Dinge miteinander zu verbinden, die auf den ersten Blick nicht zusammengehören. Trau dich anders zu sein! Hör auf dein Bauchgefühl. Und bitte, sei geduldig mit dir. Du musst die Welt nicht neu erfinden. Es genügt, wenn du die Welt, die dich umgibt, mitgestaltest. Und unversehens wirst du sein, was die Welt so dringend braucht – ein Change-Maker!

Ein Change-Maker ist nicht nur der fast schon verdächtig aktive Leiter einer Jugendorganisation oder der coole Sozialunternehmer in seinem stylischen Co-Working-Space. Change-Maker sind ganz normale Menschen. Mit einem kleinen Unterschied: Sie gehen den ersten Schritt, den es braucht, um Veränderungen – ganz egal, wie groß oder klein – anzustoßen.

Sieh dich um

Sobald du selber loslegst, werden sich neue Möglichkeiten auftun. Auch wenn du zuerst alleine bist, wird sich das schnell ändern. An eigene Ideen zu glauben und aktiv zu sein zieht automatisch andere an, die ähnlich denken und leben. Selbst wenn du noch nichts Eigenes auf die Beine gestellt hast, gibt es keinen Grund, schüchtern zu sein. Sprich mit anderen über die Themen, die dich interessieren, teile deine Ideen und Ansichten. Es spielt keine Rolle, ob die erste Person, mit der du redest, deine Großmutter ist, dein Lehrer, eine Kommilitonin oder der Kellner einer Bar um drei Uhr morgens. Gemeinsam sind wir kreativer, innovativer und stärker. Wir können voneinander lernen und Lösungen finden, auf die wir alleine nie gekommen wären.

Dein politisches Leben

Es mag überraschend klingen, aber genau so beginnt Politik. Einige werden beim Wort »Politik« bestimmt die Augen verdrehen. Dabei ist Politik genau das: über Ideen sprechen und aktiv werden, um Probleme zu lösen. Jedes Mal, wenn du etwas tust, das sich auf andere auswirkt, bist du politisch. Politik, das sind nicht nur Regierungsskandale oder ältere grauhaarige Männer in langweiligen Talkshows. Politik, das sind nicht nur 400-seitige Verträge oder kaum verständliche

Reformen. Nein, Politik ist Teil unseres täglichen Lebens. Sie findet überall dort statt, wo wir sind und handeln, in unseren Familien, in der Schule, bei der Arbeit oder wenn wir mit Freunden rumhängen. Politik ist überall.

»Andere würden mich vielleicht als extrovertiert beschreiben. Tatsächlich spreche ich aber meistens eher, weil ich mich unsicher fühle und manchmal ziemlich einsam. Jahrelang war ich aktives Mitglied verschiedenster Jugendprojekte und sogar Präsident einer Jugendorganisation – nicht gerade eine Aufgabe, bei der man das Gefühl von Einsamkeit erwarten würde.

Politische und soziale Fragen liegen mir sehr am Herzen. Nicht gerade Themen, die man als ›sexy‹ beschreiben würde. Und genau das bringt uns zurück zur Einsamkeit. Es frustriert mich, dass so viele Menschen keinerlei Interesse an unserer Welt und der Lösung ihrer vielen Probleme haben.

Im Alter von 22 Jahren entschied ich mich, etwas zu unternehmen und mit denjenigen in Kontakt zu treten, die sich ansonsten wenig oder ungern mit politischen Fragen beschäftigten. Ich organisierte eine Reihe von Workshops zu politischen und sozialen Themen in einer Oberschule in meinem Heimatort. Natürlich müssen nicht alle professionelle Redner werden. Allerdings halte ich es für wichtig, dass jeder in der Lage ist, eigene Gedanken zu formulieren, Teil einer konstruktiven Debatte zu sein und mit anderen Meinungen umgehen zu können.

Wahrscheinlich werde ich mit diesen Überzeugungen nicht der Mittelpunkt jeder Party sein. Mir ist auch klar, dass mein

Engagement auf globaler Ebene nicht viel verändern wird. Dennoch, ich bleibe dran. Nicht weil es mich immer glücklich macht, sondern aus Pflichtgefühl. Wir alle schulden unserer Gesellschaft etwas und sollten daher so aktiv wie nur möglich sein. Ich werde weiterhin nach anderen suchen, die das ähnlich sehen. Denn zusammen können wir am meisten bewirken.«

Krzysztof (1990), Polen

Wir dürfen Politik nicht nur denen überlassen, die wir aus den Nachrichten kennen. Nimm dein Recht in Anspruch, politisch zu handeln, engagiere dich zusammen mit anderen. Nicht weil du den Vertrag von Lissabon auswendig kennen würdest oder weil du Aktivistin oder gar Abgeordneter werden möchtest, sondern einfach weil es dir wichtig ist. Weil du kritisch bist und nicht nur dein Leben in die Hand nehmen möchtest, sondern dich für etwas Größeres einsetzen willst – für unsere Gesellschaft.

Wer wir sind und sein wollen

Jede Reise beginnt bei uns selbst. Wir entscheiden, wer wir werden wollen. Unsere Identität besteht aus ganz unterschiedlichen Schichten, die uns ausmachen. Es liegt an uns, zu entscheiden, auf welche dieser Schichten wir uns am meisten konzentrieren wollen. Schauen wir uns diese verschiedenen Schichten doch einmal an. Wir können uns zum Beispiel als Hipster, Emo oder Punk bezeichnen. Wir haben möglicherweise unterschiedliche Freundeskreise – Schulfreunde, Arbeitskolleginnen und die, die wir eigentlich nie treffen. Wir zocken Computerspiele, machen Yoga und designen unseren eigenen Blog. Wir leben in Kreuzberg, Châtelet und Chueca. Wir kommen aus Liverpool, Sofia oder Malmö. Wir sind Praktikantinnen, Kellner oder Unternehmerinnen. Wir sind litauisch, kroatisch oder irisch. Wir sind Christen, Moslems, Juden oder Atheisten. Wir sind hetero, schwul oder wollen in keine dieser Schubladen gesteckt werden.

Diese Beispiele sollen zeigen, wie die Schichten unserer ganz individuellen Identität aussehen können. Jede Schicht fügt etwas zum Ganzen hinzu, und zwar ohne einen Widerspruch zu anderen Schichten herzustellen. Von der »kleinsten« dieser Schichten – beispielsweise die Zugehörigkeit zu unseren Eltern – bis zur größten ist das so. Über ein Beispiel für eine solche »große« Schicht wollen wir im Folgenden sprechen. Darüber, dass wir Europäer sind.

Es gibt viele verschiedene Definitionen von Europa: der geografische Kontinent; die Europäische Union; die Eurozone und so weiter. Dabei macht Europa viel mehr aus als Landesgrenzen oder der Mitgliedsstatus. Sogar Politiker verstecken sich viel zu oft hinter Schlüsselwörtern wie »europäische Identität« oder »europäisches Narrativ«, ohne diese jemals zu definieren. Erinnerst du dich noch an Thomas' Geschichte von den Stränden, an denen die Alliierten während des Zweiten Weltkriegs landeten? Sie zeigt, dass unsere gemeinsame Geschichte ein wichtiger Teil unserer gemeinsamen Identität ist. Die Aufklärung begann in Europa und läutete das Zeitalter des naturwissenschaftlichen und logischen Denkens ein. Große Philosophen und Literaten stammen aus Europa. Zwei der schlimmsten Kriege der Menschheitsgeschichte wurden von Europäern begonnen, wie auch eines der größten Friedensprojekte – die Europäische Union. Europäer haben diese Welt sowohl vernetzt als auch unterdrückt. Europas Geschichte ist weder unser Verdienst noch unser Vergehen, doch sie hat uns als Kontinent, als das heutige Europa geprägt und geformt. Eine der großen Lektionen europäischer Geschichte ist die Bedeutung von Zusammenarbeit. Es ist sehr wahrscheinlich, dass unser Leben glücklicher und friedlicher verläuft, wenn wir zusammen und nicht gegeneinander arbeiten. Keine ganz einfache Übung. Vor allem, wenn so viele verschiedene Länder, Kulturen, Regionen und Sprachen auf so kleinem Raum zusammentreffen wie in Europa. Europäer mussten also von Anfang an lernen, mit Vielfalt und Unterschiedlichkeit umzugehen – diese Fähigkeit steckt daher sozusagen in unserer DNA.

»Ich entschied mich, das letzte Jahr meines Bachelors in Bremen zu studieren. Meine Freunde und Familie waren überrascht, als ich ihnen von diesem Entschluss erzählte. Schnell wurde über Unterschiede, Vorurteile und Deutschlands Machtstellung innerhalb Europas gesprochen. Zu dieser Zeit waren die Beziehungen zwischen meinem Heimatland, Griechenland, und Deutschland angespannt. Die Finanzkrise und die vorgeschriebene Sparpolitik hatten die beiden Länder auseinandergetrieben. Einige meiner Freunde befürchteten, dass ich als Griechin in Deutschland diskriminiert oder schlechter behandelt werden könnte.

Doch mich konnte nichts und niemand aufhalten. Ich packte meine Koffer und verließ mein Heimatland, zum ersten Mal ganz auf mich gestellt. Ich war drauf und dran, ein Abenteuer zu beginnen, das mein Leben tiefgreifend verändern würde. Voller Neugier tauchte ich in die fremde Kultur ein und freute mich über jede Gelegenheit, mehr über die Herkunft und Ansichten anderer Europäer zu erfahren. All das veränderte mich als Person grundlegend.

Vor meiner Abreise war mir Politik ziemlich egal. Ich las keine Zeitung und diskutierte nicht über soziale oder politische Themen. Von meinem Auslandsaufenthalt kehrte ich jedoch voller Inspiration und Neugier zurück. Ich wollte politisch aktiv werden und einer europäischen Jugendorganisation beitreten. Ich wollte das, was ich über kulturelle Vielfalt und die Vorteile, zu Europa zu gehören, gelernt hatte, mit anderen teilen.

Also legte ich los. Ich begann mich in mehreren NGOs zu engagieren und wurde Teil von Projekten und Initiativen, die mich wiederum darin bestärkten, für unsere europäischen Ideale und Werte zu kämpfen.

Seit fünf Jahren bin ich regelmäßig zwischen Griechenland und Deutschland unterwegs. Es ist nicht immer leicht, die Perspektive des anderen Landes zu erklären, aber ich bin fest entschlossen, beide Kulturen enger zusammenzubringen. Wir müssen Brücken bauen, Vorurteile, die wir vom Fernsehen gelernt haben, zurückweisen und miteinander ins Gespräch kommen.«

Stylia (1989), Griechenland

Es ist vor allem die Vielfalt, die uns zu Europäerinnen und Europäern macht. Unterschiedlichkeiten, die uns auf den ersten Blick trennen und uns doch beim näheren Hinsehen einen. Europa ist eine Party, auf der du Gleichaltrige aus allen Teilen des Kontinents triffst und die beste Zeit deines Lebens hast. Europa ist der Essay, den wir mit unseren Kollegen oder

Freunden aus Bulgarien und Portugal auf Englisch verfassen. Es ist der Artikel über Dänemark, den du liest, weil du mehr über das Land erfahren möchtest, aus dem deine Freundin stammt.

Europäisch zu sein macht unser Leben reicher, weil es uns dazu bringt, Grenzen in unseren Köpfen und auf Landkarten zu überschreiten. Weil wir uns für andere öffnen und nach Gemeinsamkeiten suchen. Unser europäisches Lebensgefühl wird weder von Grenzen noch von Gesetzen beschnitten. Es lädt uns dazu ein, uns für andere Menschen zu öffnen, für andere Mentalitäten, Kulturen und Länder. Europäisch zu sein heißt, dass wir nicht alleine sind, weder mit unseren Problemen noch mit unseren Zukunftsträumen. Jeder und jede von uns ist ein Stein im Mosaik namens Europa. Nur gemeinsam können wir die Form und Struktur dieses Mosaiks verändern. Dafür muss Europa, jeder Einzelne von uns, kritisch sein, Ängste überwinden und sich seiner eigenen Handlungskraft bewusst werden. Das kann Europa nur schaffen, wenn wir – die Einzelteile, die es formen – zusammenwirken. So wie sich jeder von uns ständig weiterentwickelt, befindet sich auch Europa in steter Entwicklung. Europa ist nicht statisch. Der Kontinent lebt, verändert sich und bewegt sich nach vorne.

Wir dürfen uns nicht länger als Opfer der Umstände begreifen, sondern als Change-Maker. Zukunftsgestalter, die sich Herausforderungen stellen. Macherinnen und Macher, die vor sich eine Welt voller Möglichkeiten sehen, an denen sie wachsen können. Nur wenn alle mitmachen, können wir ein Europa bauen, das lebenswert ist. Ein Europa, das nicht aus Korruption, Vetternwirtschaft oder Fremdenhass besteht, sondern aus Fairness, Transparenz und Inklusion.

Ein Europa, das nicht von Gier, Angst oder Zweifel erfüllt ist, sondern von Solidarität, Mut und Hoffnung.

Beginne deine Reise

Unsere gemeinsame Zugreise ist beinahe zu Ende. Für einige Zeit wenden wir uns wieder unseren eigenen Fragen zu – so wie auch du. Als Europäerinnen und Europäer kennen wir Abschiedsmomente nur zu gut, wissen aber auch, dass wir uns wiedersehen werden und bald dort anknüpfen können, wo wir aufgehört haben.

Einer nach dem anderen umarmt dich zum Abschied und wünscht dir viel Glück auf all deinen künftigen Reisen: »Udanej podróży!«, »Bon voyage!«, »Goede reis!«, »καλό ταξίδι!«, »Auf Wiedersehen!«

Vor dem Aussteigen gibt dir einer von uns noch ein kleines Buch – es ist dieses Buch, das du jetzt in den Händen hältst. Wir verlassen den Bahnsteig, müde von der langen Reise und voller Vorfreude auf das, was uns an neuen Orten erwartet. Bevor wir in der Menschenmenge verschwinden, drehen wir uns noch einmal um und lächeln dir zu. Jetzt sind wir weg. Aber du bist nicht allein. Du schlägst das Buch auf, zwischen den Seiten ein handgeschriebener Brief:

»Ein paar abschließende Gedanken für unseren neuen Freund:

Unsere dringende Bitte ist es, dass du Vorurteile und Allgemeinplätze ebenso zurückweist wie die Beschwerdekultur und einseitig negative Gedanken. Mach dir bewusst, dass du nicht von anderen kontrolliert wirst. Du bist zu weit mehr fähig, als du glaubst. Unterscheide zwischen dem, was dir wichtig, und dem, was weniger wichtig ist. Nutze deine Stimme, deine Fähigkeiten und Möglichkeiten, um voranzukommen. Höre auf dich selbst. Du bist mehr als das Bild, das andere von dir haben. Die Erwartungen anderer machen dich nicht aus. Begib dich auf die Reise zu dir selbst, stell dich deinen Schwächen und nutze deine Stärken! Sei offen für Veränderungen und vertraue auf deine innere Stimme. Übernimm Verantwortung, für dich, deine Freunde, deine Familie – und für die Gesellschaft. Lass deinen Worten Taten folgen. Suche dir Verbündete für deinen Weg. Doch am wichtigsten ist: Sei du selbst.«

In diesem Sinn übergeben wir dir unser Buch. Du wirst nicht lange brauchen, um es zu lesen. Vielleicht wirft es neue Fragen auf und – das hoffen wir sehr – gibt es dir das Gefühl, nicht allein zu sein. Möglicherweise findest du sogar Antworten auf diesen Seiten.

Wer, wenn nicht du?

Wer, wenn nicht wir?

Epilog

Wie alles begann

Epilog

Wie alles begann

Möchtest du wissen, woher die Idee für dieses Buch kam und wie es entstand? Alles begann, als wir beide, Vincent und Martin, vor ein paar Jahren durch Europa reisten. Dieser Text, in dem wir dich von einem Ort zum nächsten mitgenommen haben, basiert also auf einer ganz konkreten Reise.

Seit wir denken können, ist Europa unser Zuhause. Dennoch hatten wir vor unserer Reise keinen Schimmer davon, wie vielfältig unser Kontinent ist. Ohne im Geringsten zu ahnen, wie sehr uns unsere Erfahrungen verändern würden, machten wir uns auf den Weg, um uns ein eigenes Bild von Europa zu machen.

Mit der Unterstützung zweier deutscher Stiftungen besuchten wir innerhalb von sechs Wochen 14 Länder und interviewten über 200 junge Menschen im Alter zwischen 18 und 35 Jahren. Wir verbrachten schier endlose Stunden in Zügen, reisten aber auch per Bus, Schiff, Flugzeug und Fahrrad. Wir durchquerten atemberaubende Landschaften, aßen regionale Spezialitäten und begegneten unterschiedlichen Kulturen und Lebensweisen.

Doch was uns am meisten beeindruckte, waren die Menschen, die wir trafen.

Von Spanien bis Bulgarien, von Griechenland bis Schweden – wir erlebten Europa und seine Menschen auf ganz unterschiedliche, eher unkonventionelle Weise. So saßen wir mit einer Gruppe junger Franzosen bei Käse und Wein, philosophierten mit jungen Italienern über den Dächern von Neapel, hörten junge Griechen im Hafen von Athen über ihre Pläne für die Zukunft erzählen. Wir erlebten die Energie junger politisierter Menschen in der Türkei, streiften gemeinsam mit jungen Spaniern durch heruntergekommene Unigebäude, unterhielten uns mit Menschen vor den brennenden Barrikaden auf dem Euromaidan in Kiew.

Je mehr Menschen wir trafen und je mehr Gespräche wir führten, umso klarer wurde uns, dass wir trotz aller Unterschiede eines gemeinsam hatten: Wir alle waren Europäer. Nicht nur aufgrund geografischer Gegebenheiten, sondern weil wir eine gemeinsame Zukunft teilten. Egal ob in Stockholm, Lviv, Athen, Sevilla oder Warschau, junge Menschen in Europa eint mehr, als sie trennt.

Aber wir fanden auch etwas weniger Positives, das wir alle gemeinsam hatten: Angst. Angst vor der Zukunft, davor, zu versagen, nicht schlau oder schnell genug zu sein, davor, nicht gebraucht zu werden. Was unsere Generation wirklich verbindet, ist die Angst, die Welt nicht positiv verändern zu können, nicht gehört zu werden, nicht Teil von etwas Größerem zu sein.

Als wir auf der Fähre zwischen Barcelona und Rom saßen, überlegten wir fieberhaft, wie wir gegen diese Ängste vorgehen könnten. Wir kamen auf die Idee, einen Brief oder Essay zu schreiben, der junge Menschen unserer Generation ermutigen und motivieren sollte. Doch uns wurde schnell klar, dass wir einen solchen Text nur gemeinsam mit anderen jungen Europäerinnen und Europäern aus ganz verschiedenen sozialen Milieus schreiben könnten. Nur ein Text, der von einer Gruppe gemeinsam geschrieben wird, kann zeigen, dass es möglich ist, aus Unterschieden Stärke zu ziehen und ein gemeinsames Ziel zu definieren. Glücklicherweise waren wir auf unserer Reise einer ganzen Reihe inspirierender junger Menschen begegnet.

So entstand das Young European Collective. Wir trafen Thomas an einem verregneten Nachmittag in Paris, Stylia an einem sonnigen Tag in Athen. Wir aßen Eis mit Zlatin in Sofia und frühstückten mit Katharina in Wien. Kurze Zeit später, noch immer in Wien, unterhielten wir uns mit Nini über die Geschichte Georgiens. Wir trafen Zara aus Schottland und Liza aus Belgien am Hafen in Thessaloniki. Giulia aus Italien begegneten wir in Berlin, als sie gerade mitten in den Abschlussprüfungen ihres Studiums steckte. Kris erzählte uns voller Enthusiasmus über seine Arbeit in Warschau, und Phelan lernten wir über einen Freund in Stockholm kennen. Eine bessere Gruppe, um dieses Buch zu schreiben, hätten wir uns nicht wünschen können. Schon nach wenigen Stunden während unseres ersten gemeinsamen Treffens, fühlten wir uns alle miteinander verbunden.

Wenn zwölf Menschen zusammenkommen und einen gemeinsamen Text verfassen, ist dies eine echte Herausforderung. Wir verbrachten viele Stunden damit, uns intensiv darüber zu unterhalten, was es uns bedeutet, Europäer zu sein, ob wir in unserem Text eine bestimmte politische Richtung einschlagen wollten und welche Rolle unsere Herkunft spielen sollte. Bei einer Sache waren wir uns alle sofort einig: Unsere Generation hat das Potenzial, Veränderungen anzustoßen. Wir alle waren der Meinung, dass unser Kontinent dringend die Energie und Tatkraft junger Menschen braucht, damit Probleme angegangen und Lösungen entwickelt werden können. Wir stimmten überein, dass es unserer Generation oftmals nicht an Interesse für gesellschaftliche Fragen mangelt, sondern an Selbstsicherheit und Motivation. Genau darum geht es uns: Wir hoffen, dass wir zeigen konnten, dass man sich von Frust, Ängsten und Gleichgültigkeit nicht entmutigen lassen muss und dass man lernen kann, mit solchen Gefühlen umzugehen.

Mit diesem Text möchten wir als Gruppe einen Beitrag leisten für die Zukunft Europas und die Zukunft unserer Generation. Die meisten von uns planen, sich weiterhin politisch oder sozial zu engagieren. Während des Schreibens wurde uns immer klarer, dass alles einfacher geht, wenn man gemeinsam an einem Strang zieht. Vielleicht hilft dir der Text dabei, Kontakt zu anderen jungen Europäern aufzunehmen, einen Dialog zu beginnen, Ideen und Visionen zu teilen – das ist unsere Hoffnung. Wir wissen, dass unsere Generation voller Potenzial steckt. Lasst uns unsere Stärke gemeinsam entdecken und für die Zukunft einsetzen.

Wir laden dich ein, uns auf dieser Reise zu begleiten.

Vincent-Immanuel Herr und Martin Speer

Wer wir sind

Autorinnen und Autoren

Vincent-Immanuel Herr

Vincent ist ein Vollzeitidealist aus Berlin. Er ist fest davon überzeugt, dass gute Ideen Menschen und ihr Leben positiv beeinflussen können. Er widmet sein Leben der Verbesserung gesellschaftlicher und sozialer Zustände. So hat er gemeinsam mit Martin Speer die Initiative #FreeInterrail ins Leben gerufen. Sein Motto: »Nutze deine Stimme!«

www.freeinterrail.eu
Twitter: @vincent_i_herr

Martin Speer

Martin Speer ist ein scharfer Beobachter und Netzwerker aus Berlin. Er glaubt an die Kraft guter Fragen und unkonventioneller Antworten. Er bringt gerne Menschen miteinander in Kontakt und begeistert sie für ein gemeinsames Ziel. Er hat nicht nur Unternehmergeist, sondern ist auch studierter Wirtschaftswissenschaftler. Als aktiver Europäer setzt er sich für die Zukunft und das Wohlergehen unseres Kontinents ein.

www.herrundspeer.de
@martin_speer

Katharina Moser

Katharina aus Wien glaubt an die Macht von Empathie. Sie ist davon überzeugt, dass Neugier und Verständnis wesentlich für den Zusammenhalt der europäischen Länder sind. Mit kreativen Projekten setzt sich ihre Europa-Agentur MOSAIK für unseren Kontinent ein.

www.mosaik-agency.eu
@katharina_moser

Krzysztof Ignaciuk

Kris ist ein pragmatischer Träumer aus Polen, der momentan in Berlin lebt. Er glaubt an die Wirkung politischer Bildung und daran, dass sich Chancengleichheit positiv auf alle Menschen auswirkt. Ein Teil von ihm möchte noch immer die Geschichte der Rockmusik revolutionieren oder Schriftsteller werden. Bisher hat er dafür noch keine Zeit gefunden.

@k_ignaciuk

Liza Noteris

Liza ist eine kritische Denkerin aus Belgien, die gerne stundenlang in Bibliotheken verschwindet. Sie liest gerne Bücher jeglicher Art, immer auf der Suche nach tieferer Bedeutung oder gesellschaftlichen Trends. Sie interessiert sich mehr für die Soziologie der europäischen Integration als für einen politischen Standpunkt. Liza lacht laut und gerne und liebt es, neue Menschen kennenzulernen. Ihr Motto: »Freunde sucht man nicht, man erkennt sie.«

@lizanoteris

Zlatin Georgiev

Zlatin ist ein begeisterter, innovativer Unternehmer aus Sofia. Er arbeitet gerne mit motivierten Menschen zusammen, weswegen er alles in seiner Macht Stehende tut, um seine Mitarbeiter positiv zu beeinflussen. Er war außerdem professioneller Volleyballer und liebt es, Ziele zu erreichen. In internationaler Umgebung wächst und gedeiht er am besten.

Thomas Goujat-Gouttequillet

Thomas ist ein engagierter junger Bürger aus Frankreich, der sich voll für seine erste große Liebe ins Zeug legt: für Europa. Von seiner Leidenschaft für ehrlichen Austausch und Gleichheit angetrieben, findet er in verschiedenen Communities Inspiration. Zu einem coolen Projekt, das Europa besser macht, kann er nie nein sagen. Er versucht jeden Tag, ein noch besserer Aktivist, Kollege und Freund zu werden.

Stylia Kampani

Stylia ist eine überzeugte Europäerin, deren Wurzeln auf der griechischen Insel Kreta liegen. Sie glaubt, dass jeder eine geheime Superkraft in sich trägt, und möchte Menschen dabei helfen, diese zu entfalten. Der Sinn des Lebens liegt für sie darin, Herausforderungen anzunehmen, auch wenn es mal unbequem wird. Auch wenn das manchmal zu Fehlern führt, was soll's – das Leben ist der beste Lehrer.

@styliakampani

Zara Kitson

Zara ist Träumerin und »Grafter« (schottisches Wort für jemanden, der hart arbeitet). Sie kommt aus einer Familie von Minenarbeitern, weswegen ihr vor allem soziale Gerechtigkeit und der Schutz unserer Umwelt am Herzen liegen. Sie tut, was sie kann und wo sie kann, um eine bessere Welt zu schaffen.

www.zarakitson.org
@zarakitson

Nini Tsiklauri

Nini ist eine leidenschaftliche Macherin, die in Ungarn und Deutschland groß geworden ist. Ihr Herz schlägt ganz besonders für ihr Geburtsland Georgien – sie ergreift jede Möglichkeit, ihre Landsleute auf dem Weg in die Zukunft zu unterstützen. Sie ist übrigens wirklich extrovertiert, nichts entspannt sie mehr als eine Rede vor einem großen Publikum.

www.niniofficial.com
@ninitsiklauri

Giulia Zeni

Giulia hat Diplomatie studiert. Dabei wurde ihr klar, dass sich diese von Grund auf ändern muss. Sie glaubt, dass selbst die ambitioniertesten Projekte in Europa nur Erfolg haben können, wenn die Menschen sich nicht länger hinter Mauern der Bürokratie verstecken und im direkten Austausch miteinander stehen. Giulia stammt aus Italien und lebt heute in Berlin, wo sie an ihrem Traum, erfolgreiche Autorin zu werden, arbeitet. Bis es so weit ist, beschäftigt sie sich mit allem, was sie inspiriert.

www.speaktravelitalian.com
@gl_zn

Phelan Chatterjee

Phelan stammt zu gleichen Teilen aus London und Stockholm. Er liest sehr gerne und ist ein wachsamer Beobachter. Unterdrückung und Ungleichheit machen ihn wütend, ebenso wie Politiker, die unsere Welt gespalten, engstirnig und feindselig machen. Er glaubt an die kreative Kraft junger Menschen. Sie können Grenzen einreißen und etwas bewegen – nicht zuletzt durch die Möglichkeiten des Internets.

Redaktion

Amy Baldauf

Amy ist Soziologin und Friedensforscherin mit amerikanischer und finnischer Staatsbürgerschaft. Sie möchte Ideen umsetzen, globale Herausforderungen angehen und Veränderung bewirken. Sie glaubt, dass die europäische Idee nicht fixiert ist, sondern sich ständig verändert. Nicht nur die, die als Europäer geboren wurden, können zur modernen Geschichtsschreibung des Kontinents beitragen.

@amyirja

Kommunikation

Antje Scharenberg

Antje ist eine leidenschaftliche Idealistin, die nichts lieber tut, als Fragen zu stellen und Lösungen zu finden. Sie lebt in London und liebt es, Wissen aufzusaugen, kritisch zu reflektieren und darüber zu diskutieren. Sie ist überzeugt, dass kritisches Denken helfen kann, die Gesellschaft gerechter zu machen. Aktuell arbeitet sie an ihrer Doktorarbeit zu pro-europäischen Aktivismus.

@an_scharenberg

Das Young European Collective entwickelt sich stetig fort. Weitere Mitglieder sind:

Dániel Draskóczy
Aileen McKay (@Aileen Tutors)
Katarina Milacic (@k_milacic)
Kevin Müller (@contactMueller)
Annika Päutz

Nimm Kontakt zu uns auf!

Wir freuen uns, von dir zu hören!
Hier findest du uns online:

www.whoifnotus.eu
facebook.com/who.if.not.us.europe
twitter.com/w_i_n_u
#WhoIfNotUs
contact@whoifnotus.eu

Raum für deine Ideen und Gedanken